【 四川大学博物馆藏品集萃 】

鼻烟壶 卷

BIYANHU JUAN

梁英梅　编著

霍大清　摄影

四川大学出版社
SICHUAN UNIVERSITY PRESS

图书在版编目（CIP）数据

四川大学博物馆藏品集萃．鼻烟壶卷 / 梁英梅编著；
霍大清摄影．— 成都：四川大学出版社，2023.6
　　ISBN 978-7-5690-5935-9

　　Ⅰ．①四… Ⅱ．①梁… ②霍… Ⅲ．①四川大学—博
物馆—历史文物—图录②鼻烟壶—中国—图录 Ⅳ.
①　　　　K870.2②K875.22

中国国家版本馆 CIP 数据核字（2023）第 016457 号

书　　名：四川大学博物馆藏品集萃·鼻烟壶卷
　　　　　Sichuan Daxue Bowuguan Cangpin Jicui·Biyanhujuan
编　　著：梁英梅
摄　　影：霍大清

出 版 人：侯宏虹
总 策 划：张宏辉
选题策划：何　静
责任编辑：何　静
责任校对：周　颖
装帧设计：墨创文化
责任印制：王　炜

出版发行：四川大学出版社有限责任公司
　　　　　地址：成都市一环路南一段 24 号（610065）
　　　　　电话：（028）85408311（发行部）、85400276（总编室）
　　　　　电子邮箱：scupress@vip.163.com
　　　　　网址：https://press.scu.edu.cn
印前制作：成都墨之创文化传播有限公司
印刷装订：四川盛图彩色印刷有限公司

成品尺寸：210 mm×260 mm
印　　张：13.75
字　　数：426 千字

版　　次：2023 年 10 月 第 1 版
印　　次：2023 年 10 月 第 1 次印刷
定　　价：218.00 元

扫码获取数字资源

四川大学出版社
微信公众号

丛书总序

霍　巍　四川大学博物馆馆长

　　四川大学博物馆的前身为建立于 1914 年的华西协合大学古物博物馆，是博物馆从西方传入中国之后，中国早期建立的博物馆之一，也是中国高校中第一座博物馆，拥有悠久的历史和丰富的馆藏文物，在中国博物馆事业发展史上具有重要的历史地位。

　　四川大学博物馆现收藏文物 5 万余套、8 万多件，门类包括书画、陶瓷、钱币、刺绣、民族民俗文物等，不仅是教学、科研的重要实物资料，也是学校建设和社会服务的重要文化资源。在四川大学博物馆建馆一百周年和四川大学建校一百二十周年之际，我们组织馆内专业人员编写了这套"四川大学博物馆藏品集萃"丛书，旨在通过系统的分类介绍与研究，深入浅出，用生动通俗的文字配以精美的文物图片，向广大读者展示馆藏文物精品的历史价值、艺术价值和科学研究价值。

　　入选本套丛书的馆藏文物，许多都是国家一二级文物，甚至有数件国宝级文物。它们凝聚着不同历史时代丰富的信息，从不同的侧面映射出中华传统文化的神韵，也反映出中国西南地区独特的地域文化。特别值得指出的是，华西协合大学古物博物馆的创办者和管理者大多是训练有素、视野开阔的专家学者，他们往往在征集、收藏这些文物的同时，在当地也开展了相关的科学调查与研究工作，对其文化历史背景有着深刻的认识和理解。例如，本馆所藏 20 世纪 30 年代四川广汉三星堆遗址的玉石器，就是经过科学的考古发掘出土的，不仅有完整的田野考古发掘记录，而且还经过葛维汉（D.C.Graham）（时任华西协合大学古物博物馆馆长）、郑德坤等海内外著名学者的初步研究，为 20 世纪 80 年代三星堆考古的重大发现提供了宝贵的线索。三星堆的早期考古工作，被郭沫若先生誉为"华西考古的先锋"。又如，本馆所藏成都皮影精品，来自清末民初一个名叫"春乐图"的皮影戏班。独具眼光的前辈们不仅收藏了这个戏班珍贵的皮影，同时还将制作皮影的全套工具、数百份皮影戏唱本悉数加以征集，形成可供后世进行系统科学研究的成都皮影藏品系列，其价值自然远在单件皮影之上。类似这样的例子还有很多。正是基于这样深厚的学术背景，本馆的各类文物的收藏就某种意义而言见证了我国西南地区历史学、考古学、民族学、民俗学、艺术史等多个学科早期发展的历程，也见证了四川大学这所百年名校对于构建中国现代学术体系所做出的卓越贡献。

本套丛书的撰著者均为四川大学培养的考古学、文物学、博物馆学和艺术史等学科的中青年学者，他们对母校和博物馆怀有深厚的感情，接受过良好的专业训练，术业各有专攻。这套丛书的编写，既是他们献给百年馆庆最好的一份礼物，也是博物馆为四川大学一百二十周年校庆献上的一份厚礼。我深信，通过这套丛书，读者不仅可以"透物见人"，回顾四川大学博物馆这座百年名馆的光辉历史，而且可以在我们的导引下步入这座号称"古来华西第一馆"的庄严殿堂，感知其深厚的文化积淀和灿烂的时代风采，感受一个充满前贤智慧结晶的奇妙世界，体验一次令您终生难忘的博物馆之旅。

是为序。

目录

概　述
　　一、鼻烟的引入和使用方法 002
　　二、清代鼻烟壶的创制和造型特点 003
　　三、清代鼻烟壶的材质及艺术特点 005
　　四、清代鼻烟壶的主要产地 005
　　五、四川大学博物馆馆藏鼻烟壶概况 006

图　录
第一部分　玻璃类鼻烟壶
　　【图1】 桃红色玻璃素面鼻烟壶 013
　　【图2】 白色玻璃素面鼻烟壶 013
　　【图3】 白色玻璃素面鼻烟壶 014
　　【图4】 白色玻璃素面鼻烟壶 014
　　【图5】 白色玻璃刻画鼻烟壶 015
　　【图6】 雄黄色玻璃兽面衔环耳鼻烟壶 016
　　【图7】 橙色透明玻璃鼻烟壶 016
　　【图8】 黄色玻璃鼻烟壶 017
　　【图9】 黄色玻璃素面鼻烟壶 017
　　【图10】 黄色玻璃素面鼻烟壶 018
　　【图11】 红色玻璃素面鼻烟壶 018
　　【图12】 黑色玻璃垂胆形鼻烟壶 019
　　【图13】 鳝鱼黄色玻璃垂胆形鼻烟壶 019
　　【图14】 白色玻璃刻花鼻烟壶 020
　　【图15】 紫色玻璃兽面衔环耳鼻烟壶 021
　　【图16】 雄黄色玻璃鼻烟壶 021
　　【图17】 蓝色玻璃浅刻诗句鼻烟壶 022
　　【图18】 水晶玻璃刻花鼻烟壶 022
　　【图19】 透明玻璃刻双螭龙纹鼻烟壶 023

【图20】 酱色玻璃磨花八角形鼻烟壶 023

【图21】 蓝色透明玻璃"遥祝幸福"图鼻烟壶 024

【图22】 白色玻璃素面鼻烟壶 025

【图23】 酱色玻璃素面鼻烟壶 025

【图24】 红色透明玻璃鼻烟壶 026

【图25】 红色透明玻璃鼻烟壶 026

【图26】 红色透明玻璃鼻烟壶 027

【图27】 茶色透明玻璃鼻烟壶 027

【图28】 玻璃仿白玉素面鼻烟壶 028

【图29】 蓝色透明玻璃鼻烟壶 028

【图30】 紫色玻璃茄形鼻烟壶 029

【图31】 褐色玻璃鼻烟壶 029

【图32】 蓝地套紫红色玻璃夔龙凤纹鼻烟壶 030

【图33】 蓝地套酱红色玻璃赏菊图鼻烟壶 031

【图34】 蓝地套黑色玻璃鼻烟壶 032

【图35】 白地套蓝色玻璃松鼠葡萄图鼻烟壶 033

【图36】 白地套绿色玻璃花卉纹鼻烟壶 034

【图37】 白地套黑色玻璃博古图鼻烟壶 035

【图38】 白地套酱色玻璃花鸟草虫图鼻烟壶 036

【图39】 藕粉地套红色玻璃兽面衔环耳鼻烟壶 037

【图40】 黄地套绿色玻璃荷花纹鼻烟壶 037

【图41】 珍珠地套橘红色玻璃出脊鼻烟壶 038

【图42】 蓝地套红白双色玻璃梅花图鼻烟壶 038

【图43】 珍珠地套红色玻璃博古图鼻烟壶 039

【图44】 白地套绿色玻璃荷花鹭鸶图鼻烟壶 040

【图45】 白地套蓝色玻璃圆形开光鼻烟壶 041

【图46】 透明地套蓝色玻璃九鼎图鼻烟壶 042

【图47】 透明地套红色玻璃磨花鼻烟壶 043

【图48】 白地套红色玻璃鲤鱼纹鼻烟壶 044

【图49】 白地套红色玻璃梅花纹鼻烟壶 045

【图50】 白地套红色玻璃磨花鼻烟壶 045

【图51】 珍珠地套绿色玻璃"鹤鹿同春"图鼻烟壶 046

四川大学博物馆藏品集萃

鼻烟壶卷

【图 52】珍珠地套红色玻璃博古图鼻烟壶　　　　　　　　047

【图 53】珍珠地套红色玻璃双螭纹鼻烟壶　　　　　　　　048

【图 54】珍珠地套蓝色玻璃九鼎图鼻烟壶　　　　　　　　049

【图 55】珍珠地套红色玻璃九鼎图鼻烟壶　　　　　　　　050

【图 56】珍珠地套红色玻璃"喜鹊闹梅"图鼻烟壶　　　　051

【图 57】珍珠地套绿色玻璃"延年益寿"图鼻烟壶　　　　052

【图 58】白地套多色玻璃福寿图鼻烟壶　　　　　　　　　053

【图 59】白地套五色玻璃"延年益寿"图鼻烟壶　　　　　054

【图 60】白地套四色玻璃蝴蝶争春鼻烟壶　　　　　　　　055

【图 61】白地套多色玻璃鼻烟壶　　　　　　　　　　　　055

【图 62】透明地套五色玻璃"荷塘鱼戏"图鼻烟壶　　　　056

【图 63】白地套蓝色玻璃童趣图鼻烟壶　　　　　　　　　057

【图 64】白地套黑色玻璃博古图鼻烟壶　　　　　　　　　058

【图 65】白地套黑色玻璃八宝图鼻烟壶　　　　　　　　　059

【图 66】雄黄玻璃搅色鼻烟壶　　　　　　　　　　　　　060

【图 67】雄黄玻璃搅色鼻烟壶　　　　　　　　　　　　　060

【图 68】雄黄玻璃搅色鼻烟壶　　　　　　　　　　　　　061

【图 69】黄玻璃搅色鼻烟壶　　　　　　　　　　　　　　061

【图 70】玻璃搅色鼻烟壶　　　　　　　　　　　　　　　062

【图 71】玻璃搅色鼻烟壶　　　　　　　　　　　　　　　062

【图 72】玻璃搅色鼻烟壶　　　　　　　　　　　　　　　063

【图 73】玻璃搅色鼻烟壶　　　　　　　　　　　　　　　063

【图 74】玻璃搅色鼻烟壶　　　　　　　　　　　　　　　064

【图 75】玻璃搅色鼻烟壶　　　　　　　　　　　　　　　064

【图 76】玻璃搅色鼻烟壶　　　　　　　　　　　　　　　065

【图 77】玻璃搅色鼻烟壶　　　　　　　　　　　　　　　066

【图 78】玻璃搅色鼻烟壶　　　　　　　　　　　　　　　066

【图 79】玻璃搅色鼻烟壶　　　　　　　　　　　　　　　067

【图 80】玻璃搅色鼻烟壶　　　　　　　　　　　　　　　067

【图 81】玻璃搅色鼻烟壶　　　　　　　　　　　　　　　068

【图 82】玻璃胎珐琅彩人物故事图鼻烟壶　　　　　　　　069

【图 83】玻璃胎珐琅彩花鸟图鼻烟壶　　　　　　　　　　070

【图84】玻璃胎珐琅彩蛙趣图鼻烟壶　　　　　　　　071

第二部分　陶瓷类鼻烟壶

【图85】泥彩紫砂山水图鼻烟壶　　　　　　　　074
【图86】青花"竹林七贤"图鼻烟壶　　　　　　075
【图87】青花黄褐彩携杖出行图鼻烟壶　　　　076
【图88】青花人物故事图鼻烟壶　　　　　　　077
【图89】青花钟馗捉鬼图鼻烟壶　　　　　　　078
【图90】青花寒江独钓图鼻烟壶　　　　　　　079
【图91】青花寒江独钓图鼻烟壶　　　　　　　080
【图92】青花缠枝菊花纹鼻烟壶　　　　　　　081
【图93】青花缠枝牡丹纹鼻烟壶　　　　　　　082
【图94】青花婴戏图鼻烟壶　　　　　　　　　083
【图95】青花山水图鼻烟壶　　　　　　　　　084
【图96】青花龙凤纹鼻烟壶　　　　　　　　　085
【图97】青花龙穿牡丹纹鼻烟壶　　　　　　　086
【图98】青花《白蛇传》故事图鼻烟壶　　　　087
【图99】青花双龙戏珠纹鼻烟壶　　　　　　　088
【图100】青花人物故事图鼻烟壶　　　　　　089
【图101】青花博古图鼻烟壶　　　　　　　　090
【图102】青花龙纹鼻烟壶　　　　　　　　　090
【图103】青花"大刀手关胜"图鼻烟壶　　　091
【图104】青花釉里红团寿纹鼻烟壶　　　　　092
【图105】青花釉里红诗句鼻烟壶　　　　　　093
【图106】青花釉里红龙纹鼻烟壶　　　　　　094
【图107】青花釉里红海水云龙纹鼻烟壶　　　094
【图108】青花釉里红《西游记》故事图鼻烟壶　095
【图109】粉彩宝相花纹葫芦形鼻烟壶　　　　096
【图110】粉彩孔雀花卉纹鼻烟壶　　　　　　097
【图111】粉彩瑞兽纹鼻烟壶　　　　　　　　098
【图112】粉彩双鸽狮犬图鼻烟壶　　　　　　099
【图113】粉彩梅鹊图鼻烟壶　　　　　　　　100
【图114】粉彩蝈蝈图鼻烟壶　　　　　　　　101

四川大学博物馆藏品集萃

鼻烟壶卷

【图 115】粉彩丹凤朝阳图鼻烟壶　　　　　　　　　102

【图 116】粉彩"高山流水"故事图鼻烟壶　　　　103

【图 117】粉彩"文会"图鼻烟壶　　　　　　　　104

【图 118】粉彩描金紫藤纹鼻烟壶　　　　　　　　105

【图 119】粉彩雄鸡报晓图鼻烟壶　　　　　　　　106

【图 120】粉彩人物故事图鼻烟壶　　　　　　　　107

【图 121】红地粉彩人物故事图鼻烟壶　　　　　　108

【图 122】粉彩人物故事图双连瓷鼻烟壶　　　　　109

【图 123】粉彩人物故事图鼻烟壶　　　　　　　　110

【图 124】粉彩浮雕《白蛇传》故事图鼻烟壶　　　111

【图 125】粉彩镂雕缠枝花夹八宝纹鼻烟壶　　　　112

【图 126】红釉镂雕龙凤呈祥图鼻烟壶　　　　　　113

【图 127】红彩钟馗图鼻烟壶　　　　　　　　　　114

【图 128】红彩狮滚绣球纹鼻烟壶　　　　　　　　115

【图 129】红彩火龙戏珠纹鼻烟壶　　　　　　　　116

【图 130】白釉红彩印文鼻烟壶　　　　　　　　　117

【图 131】白釉冰裂纹鼻烟壶　　　　　　　　　　118

【图 132】白釉鹤鹿同春图鼻烟壶　　　　　　　　119

【图 133】绿釉剔花蝙蝠梅花纹鼻烟壶　　　　　　120

【图 134】黄地粉彩宝相花纹鼻烟壶　　　　　　　121

【图 135】黄釉黑彩云龙纹鼻烟壶　　　　　　　　122

【图 136】黄釉兽面衔环耳鼻烟壶　　　　　　　　123

【图 137】绿釉褐彩钟馗图鼻烟壶　　　　　　　　124

【图 138】豆青釉刻花双系鼻烟壶　　　　　　　　125

【图 139】蓝釉双系鼻烟壶　　　　　　　　　　　125

【图 140】白釉蜘蛛纹叶形鼻烟壶　　　　　　　　126

【图 141】白釉回形纹叶形鼻烟壶　　　　　　　　127

【图 142】粉彩松鼠葡萄形鼻烟壶　　　　　　　　128

【图 143】红绿釉荷花形鼻烟壶　　　　　　　　　129

【图 144】黄釉玉米形鼻烟壶　　　　　　　　　　130

【图 145】豆青釉鲤鱼形鼻烟壶　　　　　　　　　130

【图 146】绿釉白菜形鼻烟壶　　　　　　　　　　131

目录

第三部分　玉石类鼻烟壶

【图147】白玉刻寿字方形鼻烟壶　　　　134

【图148】白玉梅竹双喜图鼻烟壶　　　　135

【图149】白玉蕉叶纹鼻烟壶　　　　136

【图150】白玉福寿如意图鼻烟壶　　　　137

【图151】白玉带皮瓜形鼻烟壶　　　　138

【图152】白玉素面鼻烟壶　　　　139

【图153】白玉素面鼻烟壶　　　　139

【图154】白玉素面鼻烟壶　　　　140

【图155】青玉素面鼻烟壶　　　　140

【图156】青玉夔凤纹狮首衔环耳鼻烟壶　　　　141

【图157】青玉瓜形鼻烟壶　　　　141

【图158】青玉蝴蝶藤蔓纹瓜形鼻烟壶　　　　142

【图159】青玉素面鼻烟壶　　　　143

【图160】青玉素面鼻烟壶　　　　143

【图161】青玉双螭纹鼻烟壶　　　　144

【图162】青玉带皮花卉诗歌鼻烟壶　　　　145

【图163】碧玉素面鼻烟壶　　　　146

【图164】碧玉瓜形鼻烟壶　　　　147

【图165】青玉梅花双骏图鼻烟壶　　　　148

【图166】黄玉带皮双螭纹鼻烟壶　　　　149

【图167】翡翠鼻烟壶　　　　150

【图168】玛瑙巧作骑奔图鼻烟壶　　　　151

【图169】玛瑙天然野凫逐鱼图鼻烟壶　　　　152

【图170】玛瑙天然鱼藻纹鼻烟壶　　　　153

【图171】玛瑙兽面衔环耳鼻烟壶　　　　154

【图172】水草玛瑙鼻烟壶　　　　154

【图173】玛瑙御题诗句鼻烟壶　　　　155

【图174】玛瑙南瓜形鼻烟壶　　　　156

【图175】缠丝玛瑙鼻烟壶　　　　156

【图176】玛瑙巧作鸟栖猿戏图鼻烟壶　　　　157

【图177】黄玛瑙鼻烟壶　　　　158

【图 178】红玛瑙素面鼻烟壶   159

【图 179】红玛瑙鼻烟壶   159

【图 180】发晶鼻烟壶   160

【图 181】发晶鼻烟壶   160

【图 182】发晶鼻烟壶   161

【图 183】发晶双喜鼻烟壶   162

【图 184】紫晶"刘海戏蟾"图鼻烟壶   163

【图 185】紫晶素面鼻烟壶   164

【图 186】水晶蝉形鼻烟壶   164

【图 187】水晶蕉下狮趣图鼻烟壶   165

【图 188】水晶福寿如意图鼻烟壶   165

【图 189】白水晶鼻烟壶   166

【图 190】白水晶素面鼻烟壶   166

【图 191】茶晶素面鼻烟壶   167

【图 192】茶晶素面鼻烟壶   167

【图 193】天然斑石鼻烟壶   168

【图 194】天然斑石鼻烟壶   169

【图 195】五色石随形鼻烟壶   169

【图 196】墨石瓜形鼻烟壶   170

【图 197】蜜蜡素面鼻烟壶   171

【图 198】琥珀鸳鸯荷叶图鼻烟壶   171

【图 199】琥珀狮首衔环耳鼻烟壶   172

【图 200】琥珀兽面衔环耳鼻烟壶   172

第四部分　金属类鼻烟壶

【图 201】剔红十八罗汉图鼻烟壶   174

【图 202】铜胎画珐琅山水人物图鼻烟壶   175

【图 203】铜雕十八罗汉鼻烟壶   176

【图 204】铜胎画珐琅人物故事图鼻烟壶   177

【图 205】铜胎兽面纹鼻烟壶   178

【图 206】铜胎"十相自在"图鼻烟壶   179

第五部分　有机质鼻烟壶

【图 207】黑漆葫芦形鼻烟壶   182

【图 208】葫芦鼻烟壶 183

【图 209】竹根雕豆荚形鼻烟壶 183

第六部分　内画鼻烟壶

【图 210】玻璃内画花鸟虫草图鼻烟壶 185

【图 211】玻璃内画花鸟博古图鼻烟壶 186

【图 212】玻璃内画"鱼跃于渊"诗句图鼻烟壶 187

【图 213】玻璃内画山水诗句图鼻烟壶 188

【图 214】玻璃内画花鸟图鼻烟壶 189

【图 215】玻璃内画"金陵十二钗"图鼻烟壶 190

【图 216】玻璃内画山水仕女图鼻烟壶 191

【图 217】玻璃内画山水四题双连鼻烟壶 192

【图 218】玻璃内画四题双连鼻烟壶 193

【图 219】玻璃内画蝈蝈白菜图鼻烟壶 194

【图 220】玻璃内画山水盆景图鼻烟壶 195

【图 221】玻璃内画山水图鼻烟壶 195

【图 222】玻璃内画荷花野凫图鼻烟壶 196

【图 223】水晶内画山水图鼻烟壶 197

第七部分　鼻烟碟、鼻烟漏斗

【图 224】绿色玻璃鼻烟碟 199

【图 225】紫色玻璃鼻烟碟 199

【图 226】翡翠鼻烟碟 200

【图 227】仿哥釉瓷鼻烟碟 200

【图 228】青花缠枝花纹鼻烟碟 201

【图 229】竹地镶钧瓷鼻烟碟 202

【图 230】白珊瑚化石鼻烟碟 202

【图 231】石灰石鼻烟碟 203

【图 232】象牙花形鼻烟碟 204

【图 233】象牙鼻烟碟 204

【图 234】象牙鼻烟漏斗 205

参考文献 206

概述

GAISHU

鼻烟壶，顾名思义就是盛放鼻烟的容器，器型小巧，手可盈握，便于携带。鼻烟壶是鼻烟的伴生物，它的出现和发展与人们吸闻鼻烟习俗的兴起和流行密切相关。明代万历年间，欧洲使节将鼻烟作为贡礼带到中国，深得万历皇帝的青睐，随后受到中国皇室的喜爱和推崇，吸闻鼻烟的习俗开始在全国流行起来，逐渐成为人们的一种日常行为。为了方便携带，人们开始研制分装鼻烟的容器，从而促生了一个新的工艺品种——鼻烟壶。

在中国古代众多工艺品中，鼻烟壶是出现最晚、品种最齐全的一类，金属、玻璃、陶瓷、玉、玛瑙、松石、水晶、竹木、牙、角、根等各类材料，无不用于制壶。鼻烟壶在制作中充分运用中国传统书画、烧瓷、碾玉、冶犀、刻牙、雕竹、剔漆、套料、镶金银、嵌螺钿、贴黄等工艺，并汲取了西方玻璃、珐琅、彩绘工艺的精华，制成极富特色的精美艺术品，可以说是中国传统工艺之集大成者。

中国最早的鼻烟壶出现于清代顺治年间，康熙时期官方开始制作鼻烟壶，雍正时期得以发扬光大，乾隆时期达到鼎盛，道光以后逐渐走向衰落。今天鼻烟虽然已淡出历史，但是鼻烟壶这个承载着中国传统文化的小小艺术品，却因其独特的工艺价值和艺术魅力，受到中外文博界及古玩界的青睐，成为一个新的藏品种类。

一、鼻烟的引入和使用方法

鼻烟是将经过晾晒的优质烟叶研磨成粉，筛去梗茎，调入麝香等名贵的药材，装入密封的容器中，埋入地下陈化数年后取出，再窨以玫瑰、茉莉等花卉的提炼物，以增加其香气，制作工艺十分考究。发酵好的鼻烟有紫黑、老黄、嫩黄等颜色。烟味可分膻、糊、酸、豆、苦五种，气味醇厚、辛辣。因为含有药物成分，吸闻鼻烟可以驱寒冷、治头痛、通鼻塞，醒脑提神，驱秽避疫。鼻烟还有轻度的麻醉作用，可以缓解神经紧张的压力，使疲劳的身躯得到暂时的松弛，所以吸闻鼻烟，也容易成瘾。

鼻烟

烟草被称为印第安人的五大发明之一，至今已有两千多年的历史。然而直到哥伦布发现美洲新大陆后，烟草才逐渐流传至全世界。1503年，随同哥伦布第二次探险的西班牙修道士帕尼（Romon Pane）发现印第安人有吸闻鼻烟的习俗，自此以后，随着探险家和传教士们远游的脚步，鼻烟和吸闻鼻烟的习俗逐渐被带到了世界各地。

（一）鼻烟的引入

鼻烟在中国出现的时间，学术界比较认同的观点是明代末年。清人赵之谦《勇庐闲诘》载："鼻烟来自大西洋意大里亚国。明万历九年，利玛窦泛海入广东，旋至京师，献方物，始通中国。国人多服鼻烟，短衣数重，里为小囊，藏鼻烟壶。"公元1581年，利玛窦将鼻烟作为礼品带到中国，受到万历皇帝的青睐，他本人也得以重用。此后，欧洲各国的使节都会将优质的鼻烟作为朝见中国皇帝的贡礼和与地方官员交际的礼物。鼻烟通过官方途径进入中国，逐渐开启了国人吸闻鼻烟的习俗。

明末清初，中国鼻烟的主要来源是欧洲使节的贡礼或者是通过欧洲的商贸活动购买所得，数量有限，价格高昂，主要供皇室和贵族使用。康熙皇帝开放海禁后，西方传教士携带大量瓶装鼻烟进入中国，吸闻鼻烟渐成风尚。至雍正、乾隆时期，吸闻鼻烟的风气更是流行，西方来的贡品中鼻烟也备受青睐。《熙朝定案》："（康熙）二十三年，圣驾南巡，汪儒望、毕嘉进献方物，上命留西蜡，赐青纻白金。"西蜡，英文snuff的音译，意即鼻烟瓶，由此可见康熙皇帝对鼻烟也是十分喜爱。清宫档案记载，乾隆皇帝举行宴会时，常会赏赐鼻烟和鼻烟壶给诸王、贝勒和大臣等以示圣恩；而获赏鼻烟，也被臣属们认为是莫大的恩赐。

由于清代皇帝的雅好和推崇，从宫廷到民间，吸闻鼻烟的风气逐渐兴起，很快就风行全国。上自王公贵族，下至平民百姓，无不以握有鼻烟壶为时尚。"鼻烟壶起于本朝。其始，止行八旗并士大夫，近日贩夫牧竖，无不握此。"（清·沈豫《秋阴杂记》）一直到清末民初，这种习俗才渐渐淡化。

鼻烟在中国的流行和中国对外贸易的发展以及烟草在中国的种植关系紧密。烟草于16世纪下半叶至17世纪传入中国，主要通过两条途径：一是由菲律宾的吕宋岛经商业贸易传到中国东南沿海地区；一是从美洲到菲律宾的吕宋岛，然后传到日本，再经过朝鲜传入中国东北地区，被满族、蒙古族等游牧民族接纳，后人称之为"关东烟"。明末清初，广东、福建等地区开始种植烟草。随着烟草种植面积的逐步扩大，逐渐培育出了一些品质优良的烟草，为鼻烟在中国的进一步流行奠定了原料基础。

（二）鼻烟的使用方法

鼻烟源于美洲，传播于世界各地，吸闻鼻烟的方法各地大同小异。印第安人最初是以动物的细骨作为吸管，一端置于烟末中，另一端放在鼻孔前，然后用力朝鼻孔中吸。这种吸闻鼻烟的方式在整个美洲大陆都曾普遍流行。在中国，有身份的达官显贵们则比较讲究，他们在吸闻鼻烟时会先用烟匙舀取适量的鼻烟放入烟碟，再用拇指和食指撮取些许，然后靠近鼻孔慢慢吸闻；一般百姓则比较随意，通常是取一点鼻烟置于手背虎口处，用鼻子直接吸闻。

关于国人吸闻鼻烟的习俗，在文学作品中也有一些记载，如《红楼梦》第五十二回，晴雯头痛，宝玉便命麝月："取鼻烟来，给她嗅些，痛打几个嚏喷，就通了关窍。"嗅闻鼻烟后，晴雯"果觉通快些，只是太阳还疼"。这段细节描写说明，清代民间对鼻烟的使用比较普遍。

鼻烟是经过陈化制成的烟草制品，使用时不用燃点，只需将烟末取出吸闻即可，简单方便。因为具有药用价值，鼻烟一直被宫廷、官府视为高级享用物品，并奉为待客珍品。吸闻鼻烟不会像吸旱烟、水烟或卷烟那样产生烟雾，不存在"二手烟"的危害问题；但另一方面，鼻烟终究是烟草制品，其中还含有多种药材和香料等，长期大量使用也易上瘾。据现代药理学研究，鼻烟能杀死多种病毒，特别是鼻腔中的病毒，但同时，长期吸闻鼻烟，患鼻癌的风险也相对增大，这是鼻烟的"弊端"之一。

二、清代鼻烟壶的创制和造型特点

（一）鼻烟壶的创制

美洲的印第安人用树皮、皮革制成容器，用来盛装鼻烟。鼻烟传入欧洲后，人们利用欧洲成熟的玻璃烧制工艺，制作出各式各样的玻璃瓶来盛装鼻烟。在中国的内蒙古以及西藏的广大地区，人们喜欢用硬木、皮革、动物的角或骨头以及金属制作鼻

烟壶，一方面是取材方便，另一方面是此类鼻烟壶不易损坏，使用时间长，适合少数民族的游牧生活。

明末清初，通过商贸活动和欧洲使节的献礼进入中国的鼻烟，通常都是装在金属盒子或者较大的玻璃瓶内运输的。这类容器体积较大，取用不方便，容易翻倒，且鼻烟容易受潮，香味和药味容易流失，

既不利于鼻烟的存放,也不方便携带。后来,人们又用盛装中药丸的瓷瓶来分装鼻烟,这种小瓷瓶携带方便,也便于鼻烟的保存,后来的鼻烟壶就是在这种小药瓶的基础上改良后的专用容器。目前所见最早的鼻烟壶是苏州发现的清"顺治二年"款铜质鼻烟壶,此外,香港布乐氏收藏的"顺治三年程荣章造"款铜质鼻烟壶是目前所见最早的有制作者名号的鼻烟壶,这在中国鼻烟壶制造史上的意义非同一般。

康熙三十五年(1696),清宫玻璃厂成立,烧制出了清代最早的玻璃鼻烟壶,这也是中国官方制作鼻烟壶的开始。为了与西方的玻璃鼻烟瓶有所区别,康熙皇帝将玻璃厂烧造的鼻烟瓶命名为"鼻烟壶",简称"烟壶"。由此而言,虽然鼻烟是舶来品,但是鼻烟壶却是道地的中国发明。继玻璃鼻烟壶后,清宫造办处又烧制出了铜胎画珐琅鼻烟壶以及瓷质鼻烟壶,现存最早的年号款鼻烟壶为"康熙御制"款铜胎画珐琅鼻烟壶,现藏于北京故宫博物院。

清宫造办处最初制作鼻烟壶时,主要考虑其实用功能,后来随着制作材料的多样化和制作技术的发展,书画、雕刻、镶嵌、琢磨等多种传统工艺都被运用于鼻烟壶的制作。器型精美、材质珍贵、装饰独特的各式鼻烟壶层出不穷,被雅好者视为珍贵文玩赏玩和收藏,鼻烟壶作为艺术品的鉴赏价值逐渐超过其作为容器的实用价值。

(二)鼻烟壶的造型特点

鼻烟壶是在欧洲鼻烟瓶和中国瓷药瓶的基础上改良而成的,集实用性和鉴赏性于一体的独特艺术品。鼻烟壶的器型小巧,根据外形特点,可以分为瓶式、象生式、随形式、连体式鼻烟壶;依照壶腹的变化,可以分为桶式腹、扁腹、鼓腹鼻烟壶,其中又以扁腹鼻烟壶最为普遍。

瓶式:这是清代鼻烟壶最常见的形制,流传时间最长,存世的数量最多。造型又可以细分为圆瓶式、方瓶式、扁瓶式、扁方瓶式、胆瓶式、蒜头瓶式等。鼻烟壶的形制受瓷器造型的影响较大,可以说是清代瓷瓶和瓷壶的缩小版。

象生式:这是指器物的造型模仿各种生物的形象,可分为仿禽鸟、仿瓜果蔬菜花卉、仿人物造型的鼻烟壶。模仿禽鸟虫鱼形象的,如仿鱼、蝉、蝙蝠、鸡、仙鹤、鱼鹰等造型的鼻烟壶;模仿瓜果蔬菜花卉的,如仿冬瓜、苦瓜、茄子、荔枝、玉米、葫芦、荷花、灵芝等造型的鼻烟壶;模仿人物造型的,如渔翁、童子造型鼻烟壶。象生式鼻烟壶,形态、色彩等都与所模仿的生物酷似,惟妙惟肖,生动传神。(如【图144】【图145】)

随形式:这是指依据原材料的外形特点施展工艺,如材质比较珍贵的玉石、玛瑙,尽量依据材料的形状、大小琢制,造型独特又不浪费材料。还有一类就是利用一些有坚硬外壳的植物体制作鼻烟壶,如葫芦、豆荚等,等植物成熟后掏空其内膛,稍加修饰,就成了一个造型天然的鼻烟壶。(如【图208】【图209】)

连体式:这是指两个或两个以上的壶体相互连接,形成一个完整的鼻烟壶。常见的有双联壶、四联壶,以瓷器和玻璃两类为主。(如【图122】【图218】)

一件完整的鼻烟壶主要由壶身和壶盖两部分构成。壶盖的主要作用是防止鼻烟的洒落和烟味的挥发。壶盖又可分为盖顶、壶塞和烟匙三部分,其中壶塞和烟匙具有实用性,盖顶则只起装饰作用。壶塞一般由软木制成,主要材料是优质的橡木或桦木,这种木料无毒无味,防潮防水,具有非常好的弹性、密封性和耐磨性,最适合制作壶塞。壶塞上还附有壶匙,壶匙多采用象牙、动物骨骼或角、金属以及竹木等材料制作。壶匙形状纤细扁平,一头与壶塞相连,一头为勺状,长度刚好触及壶内底,方便掏挖鼻烟。壶塞上一般还粘贴有盖托,其上镶嵌盖顶作为装饰。盖顶的材料有色彩鲜艳的玻璃、稀有宝石、珍贵金属等。壶盖根据形状,可分为圆头盖、平头盖、官帽盖、随形盖等;另有雕花盖、铜镀金錾花盖等。鼻烟壶的壶身与壶盖一般是分开制作,组合使用,搭配得当的壶盖可为壶身增色不少。

三、清代鼻烟壶的材质及艺术特点

制作鼻烟壶的材料非常广泛，如铜、金、银、玻璃、陶瓷、紫砂、玉、翡翠、松石、孔雀石、玛瑙、水晶、琥珀、蜜蜡、珊瑚以及木、竹、牙、角、葫芦、果核、根茎等有机材料。

鼻烟壶的制作工艺涉及陶瓷制作、烧瓷烧料、玉石雕琢、竹木雕刻、金银镶嵌、珐琅彩绘、绘画内画、象牙雕刻等多个方面，一些作品可以说是中国传统的工艺技术与西洋珐琅彩绘、玻璃制造工艺相融合的一种创新，是中国工艺美术一个新的门类。

鼻烟壶的生产工艺经过了一个由简到繁，由粗到细，由素面到彩绘、雕饰的过程。因为材质的差别，鼻烟壶在制作工艺方面有很大的区别。经验丰富、技艺精湛的工匠能针对不同质地、不同色彩及不同形状的原材料做出最完美的设计，因材施技，完成创作。

鼻烟壶的装饰题材广泛，装饰图案丰富多样，常见的有花鸟鱼虫、山水草木、亭台楼阁、珍禽瑞兽、历史故事、民间传说、诗文词句、吉祥文字等。装饰图案基本都有祥瑞的寓意，如福禄寿喜、喜鹊报春、马上平安、马上封侯、连年有余、三阳开泰、鲤跃龙门、猫蝶连年、榴开百子、瓜瓞绵绵、子孙万代等。（如【图35】【图150】【图158】）

四、清代鼻烟壶的主要产地

清代鼻烟壶可以分为官方产品和民间产品两类。官方产品的主要产地为内务府造办处下设的各个作坊和官方指定的御窑。古玩行将官方生产的鼻烟壶称为"官造"或"官作"。地方上生产鼻烟壶的地区，一般都是特色原材料的产地或有工艺品制作基础的地区，古玩行通常以产地命名鼻烟壶，如"苏作""穗作""京作"等。

清乾隆二十三年（1758）以前，内务府造办处下设有画院、玻璃处、枪炮处等四十二个作坊。通常参与制作鼻烟壶的作坊有玻璃厂、珐琅作、玉作、漆作、牙雕作和镶嵌作，镀金作和牙雕等主要配制壶盖、烟匙。

随着吸闻鼻烟习俗在全国的流行，鼻烟壶的需求量大大增加，造办处生产的鼻烟壶已经远远不能满足需求，于是地方各省竞相开展鼻烟壶的研制，鼻烟壶的制作呈现出宫廷作坊与民间作坊齐头并进的局面。

清代鼻烟壶的产地主要集中在广州、扬州、苏州、北京及山东、辽宁、内蒙古等，其中玻璃鼻烟壶的主产地是广州、博山、北京；玉鼻烟壶的主产地是苏州、扬州、北京、广州；紫砂鼻烟壶的主产地是宜兴；瓷鼻烟壶的主产地是景德镇；端石类鼻烟壶的主产地是广州；漆鼻烟壶的主产地是苏州、扬州、杭州、广州、成都等；玛瑙鼻烟壶主要产自中国玛瑙的主产地辽宁和扬州。各地充分利用当地的材料优势，结合当地民族、民俗文化特点，发挥当地传统工艺的特长，制作出独具地方特色的鼻烟壶。清代地方官员也将本地所产的精美鼻烟壶作为贡品进献给朝廷。

五、四川大学博物馆馆藏鼻烟壶概况

中国的鼻烟壶于明代晚期出现，经过清代的创新、发展和兴盛，至清代晚期逐渐走向衰落。虽然只有三百余年历史，但因其材质丰富多样、器型独特、工艺精湛，深受世人的喜爱，也是收藏机构和文玩爱好者争相收藏的一个类别。

四川大学博物馆的前身为华西协合大学古物博物馆，其建馆理念就是要建一所集收藏、研究、展示于一体的世界一流的高校博物馆。自1914年建馆以来，就职于博物馆的中外学者们一直积极地致力于各类文物的收藏和研究。鼻烟壶作为清代最具特色的工艺品之一，也是博物馆尽力收藏的一类藏品。

1.四川大学博物馆鼻烟壶藏品来源

四川大学博物馆收藏的鼻烟壶基本上自市场购买，入藏时间大致分为20世纪20～30年代和20世纪50年代两个阶段。鼻烟壶的收购价格由于各时期货币价值不同而各有不同，四川大学博物馆档案资料中保存有许多当时的采买手账、便条以及账目，从中可以了解大致情况。

1936年华西协合大学古物博物馆购买文物手账

第一阶段，20世纪20～30年代。华西协合大学理学院美籍教授戴谦和及人类学家葛维汉先后主持博物馆工作。为了丰富馆藏，博物馆积极与社会各界合作，推进文物的收藏工作，尤其是与陶然

士（Mr.Thomas Torrance）和叶长青（Mr.J.Huston Edjar）两位美国传教士的合作，让博物馆有了更多征集文物的渠道。四川大学博物馆收藏的部分鼻烟壶就是华西协合大学古物博物馆这个时期通过陶然士、叶长青等外国传教士收购的。

1921年华西协合大学古物博物馆馆藏鼻烟壶信息

编号	名称	数量	收购地点	接收、经手人	时间
208 C/2	green glass snuff bottle 鼻烟壶	1件	四川成都	接收：戴谦和 经手：陶然士	1921-4
209 C/3	green snuff bottle 鼻烟壶	1件	四川成都	接收：戴谦和 经手：陶然士	1921-4
210 C/4	small，crystal orgranile snuff bottle 水晶鼻烟壶	1件	四川成都	接收：戴谦和 经手：陶然士	1921-4
232 C/26	brown stone snuff bottle，yellow 鼻烟壶	1件	四川成都	接收：戴谦和 经手：陶然士	1921-4
234 C/28	coralfossilgrey stone snuff bottle 鼻烟壶	1件	四川成都	接收：戴谦和 经手：陶然士	1921-4

这一阶段收藏的鼻烟壶中以玉石玛瑙类的数量最多，如【图168】玛瑙巧作骑奔图鼻烟壶、【图187】水晶蕉下狮趣图鼻烟壶、【图197】蜜蜡素面鼻烟壶等。时代以清代中、晚期为主，品相上乘，十分珍贵。另外，还有一些清代中期的瓷鼻烟壶、雕刻类鼻烟壶以及玻璃鼻烟壶，也非常精美。

1935 年华西协合大学古物博物馆鼻烟壶展柜

20 世纪 20 年代华西协合大学古物博物馆馆藏鼻烟壶

第二阶段，20 世纪 50 年代。中华人民共和国成立之初，百废待兴，社会秩序尚不稳定，民间大量古物出现于文玩市场。为了防止中国古代文物图书被盗运出国，1950 年 5 月 24 日中央人民政府政务院颁布了《禁止珍贵文物图书出口暂行办法》，各地也逐渐颁布了相关地方法规，并成立了文物管理部门，文物的随意买卖受到限制，许多留存于民间的文物逐渐通过正规的渠道进入各级博物馆。这一阶段，著名文史学家闻宥先生曾担任四川大学博物馆馆长，通过文先生及各位同仁的积极努力，博物馆获得政府和学校的经费支持，开始大量收购流散于民间的各类古物。目前馆藏的鼻烟壶大部分为这个阶段的收藏。

1951 年华西协合大学古物博物馆购置文物登记册中鼻烟壶部分的信息

2. 四川大学博物馆馆藏鼻烟壶特点

第一，材质丰富，种类齐全，其中不乏精品和独特作品。

四川大学博物馆收藏清代各类鼻烟壶 300 余件，藏品总量虽然不大，却是博物馆不可或缺的一个重要文物门类。馆藏鼻烟壶的材质有玻璃、紫砂、瓷器、水晶、金属、玉石类及有机材料等，几乎囊括清代鼻烟壶的所有材质。

玻璃鼻烟壶是四川大学博物馆馆藏鼻烟壶的大宗，共有 140 余件，占馆藏鼻烟壶总数的 40% 左右，其中又以单色玻璃鼻烟壶、搅色玻璃鼻烟壶及套色玻璃鼻烟壶数量最多，此外还有少量磨砂玻璃、水晶玻璃鼻烟壶。（如【图 1】【图 17】【图 35】【图 65】）

陶瓷鼻烟壶是馆藏鼻烟壶中的第二大类。其中，泥彩紫砂山水图鼻烟壶是唯一的陶质鼻烟壶（【图 85】），器型完整，装饰独特，为清代中期紫砂类鼻烟壶的代表作品。虽然只此一件，但它填补了馆藏陶质鼻烟壶的空白。瓷质鼻烟壶有青花、青花釉里红、粉彩、各色单色釉彩、雕瓷等，形制多样、图案丰富，是清代制瓷工艺与制壶工艺完美结合的产物。（如【图 86】【图 103】【图 115】【图 125】）

馆藏玉石类鼻烟壶的材质有白玉、青玉、翡翠、水晶、玛瑙、珊瑚、墨石、五色石等，其中又以玉石和玛瑙鼻烟壶最有特色，也是馆藏鼻烟壶中品质最好的一类。（如【图 151】【图 160】【图 170】【图 175】）

雕漆鼻烟壶和铜雕鼻烟壶是清代工艺品中的特色种类，因工艺要求高，做工精湛，成品数量较少，极为珍贵。馆藏剔红十八罗汉图鼻烟壶（【图

201】）及铜雕十八罗汉鼻烟壶（【图203】），壶身满饰十八罗汉，图案繁复，工艺精美，其作为艺术品的鉴赏价值已经远远高于其实用价值了。这两件鼻烟壶是清代雕漆和铜雕工艺的代表作，也是馆藏文物精品。

内画鼻烟壶是清代晚期兴起的一个新的种类，可以说是清代晚期整体衰落的鼻烟壶产业的一种振兴。四川大学博物馆收藏内画鼻烟壶20余件，不仅有清代内画大师周乐元、马少宣、毕荣九的作品，还有闫玉田、乐三及其他内画家的作品。（如【图211】【图213】【图216】）

第二，时代主要为清代中晚期，其中"官"作器少，主要为地方产品。清代晚期鼻烟壶以民窑作品偏多。

清代中期的作品主要为玉石类鼻烟壶以及玻璃鼻烟壶中的搅色玻璃、套色玻璃及少量单色玻璃鼻烟壶。（如【图147】【图75】【图34】【图3】）其他多为清代晚期到民国时期作品。

瓷质鼻烟壶中，除了部分青花、青花釉里红及粉彩瓷器为清代中期作品外，其他多为清代晚期到民国时期作品，以民窑器为主，器型多样，装饰题材丰富。另外，民窑仿官窑瓷质鼻烟壶数量也不少，以署"嘉庆""道光"款的最多。另外，还有署寄托款或者花款的，器型精美，品相上乘。（如【图115】【图122】【图113】【图116】）

珐琅彩鼻烟壶是清代康熙、雍正、乾隆时期专供皇室使用的御制鼻烟壶，流传在世的非常稀少，就是民窑仿制的精品也不多见。四川大学博物馆收藏的铜胎画珐琅鼻烟壶及玻璃胎画珐琅鼻烟壶均为清代晚期及民国时期民窑产品，虽然不能和官窑器相媲美，但也是民窑珐琅彩鼻烟壶的精品。（如【图83】【图204】）

第三，鼻烟壶、烟碟、烟漏等系统收藏，便于研究和保护。

除了鼻烟壶，四川大学博物馆还收藏有各种材质的鼻烟碟和用来分装鼻烟的工具——象牙烟漏。鼻烟壶及相关用具的收藏，体现了四川大学博物馆在文物收藏中不仅注重古物本身的保护，也注重从学术研究角度出发，系统收藏、完整保存古物所寄存的附属物、档案资料等，从而既保证了陈列展览的完整性，也有利于日后的系统研究。

四川大学博物馆收藏的鼻烟壶总量虽不算多，但清代鼻烟壶的基本品种都有收藏，其中还包括一些稀有材质的鼻烟壶以及具有特色工艺的鼻烟壶精品，在高校博物馆甚至在地方博物馆中都具有藏品优势。

《四川大学博物馆藏品集萃·鼻烟壶卷》收录馆藏各类鼻烟壶200余件，以图录形式展示，其中时代为编者个人判定，限于编者水平，不当之处难免，敬请方家不吝指正。

图录

TULU

第一部分

玻璃类鼻烟壶

中国烧造玻璃的历史十分悠久。商周时期，人们将铸造青铜器的副产品经过提炼后烧制出的半透明物称为"琉璃"，这是中国最早的玻璃。元末明初，中国开始烧制彩色的玻璃器，称为料器。明清时期，以北京和山东博山两地的料器烧造最为著名。清宫玻璃厂建立以后，征调全国的烧制高手进入内廷烧制玻璃器，同时聘请通晓玻璃烧制的西方匠师指导皇家玻璃器的烧制。西方匠师的到来，不仅帮助清宫玻璃厂提升了烧造工艺，同时给玻璃厂的规模、设备等带来了直接或间接的影响。康熙年间，清宫玻璃厂已经成功烧制出白、红、紫、黄、黑、绿等单色玻璃，还创造性地烧制出了套色玻璃。清代王士禎《香祖笔记》记载："京师又有制为鼻烟者，云可明目，尤有辟疫之功。以玻璃为瓶贮之，瓶形象种种不一，颜色亦具红、紫、黄、白、黑、绿诸色。白如水晶，红如火齐，极可爱玩。以象齿为匙，就鼻嗅之，还纳于瓶。皆内府制造，民间亦或仿而为之，终不及。"雍正、乾隆时期，玻璃的烧造工艺更是达到了顶峰，不仅单色玻璃的种类更加丰富，在西方传教士的帮助下，还成功创烧出金星玻璃、搅色玻璃、套色玻璃等杰出的艺术品种。此外，还出现了用珐琅彩在玻璃胎上绘画的新工艺。

清代玻璃烧造工艺的发展，为玻璃鼻烟壶的制作奠定了坚实的基础。据说康熙皇帝十分喜欢西方的鼻烟，也特别钟情西方盛装鼻烟的各色玻璃瓶。清宫玻璃厂建立后，他便下令召集内廷最优秀的玻璃工匠和经验丰富的西方玻璃匠师一起研制玻璃鼻烟壶，甚至亲自督导鼻烟壶的研制工作。清代赵之谦《勇庐闲诘》记载："制壶之始，仅有玻璃，余皆后起也。"遗憾的是，康熙时期的玻璃鼻烟壶目前仅见记载，而不见实物。

雍正、乾隆时期是玻璃鼻烟壶发展的辉煌时期。雍正年间玻璃鼻烟壶主要由内务府制作，样式新奇，做工精巧，外观浑圆大方。乾隆年间的玻璃鼻烟壶不仅数量众多，造型多样，色彩上也有更多突破，除了前期的单色玻璃鼻烟壶，还出现了金星玻璃鼻烟壶、搅色玻璃鼻烟壶、套色玻璃鼻烟壶、五彩缠丝玻璃鼻烟壶、玻璃胎画珐琅鼻烟壶等新品种。器型上，除传统的圆瓶式、扁瓶式、扁壶式外，还有八角式、油篓式、胆瓶式、连体式等。模仿动物、瓜果、人物的象生式鼻烟壶也开始出现。

目前流传于世的清代玻璃鼻烟壶精品，绝大多数属于乾隆时期的作品。至嘉庆、道光时期，玻璃鼻烟壶开始减产，不仅品种减少，工艺也渐趋粗劣，以民间作坊产品为主。

玻璃鼻烟壶是清代鼻烟壶的主流，出现时间最早，使用时间最长，现存数量最多，工艺品种最丰富。玻璃鼻烟壶之所以广受欢迎，主要是因为玻璃的几个优点：第一，玻璃质地坚硬，可以有效防潮，有利于鼻烟的长时间保存。第二，玻璃一般为透明或半透明状，便于鉴别鼻烟的成色和随时了解鼻烟的使用数量。第三，玻璃器皿制作工艺简单，加入不同的着色剂即可制作出颜色各异的玻璃。玻璃鼻烟壶深得鼻烟爱好者和收藏者的喜欢。玻璃鼻烟壶

四川大学博物馆藏品集萃 鼻烟壶卷

贵在工艺，并不以质地取胜，其中模仿玉石、各色宝石以及水晶、玛瑙等材质的鼻烟壶，惟妙惟肖，甚至能以假乱真。

现存的玻璃鼻烟壶主要有单色玻璃、套色玻璃、搅色玻璃、玻璃胎画珐琅、玻璃内画五大类，此外还有刻花玻璃、洒金玻璃等其他种类。

1. 单色玻璃鼻烟壶

单色玻璃鼻烟壶是清代玻璃鼻烟壶的主流，贯穿了整个清代玻璃鼻烟壶生产的始末。颜色主要有涅白、砗磲白、蛋清白、仿白玉、宝石红、豇豆红、鸡血红、珊瑚红、亮红、孔雀蓝、天蓝、湖蓝、宝蓝、杏黄、雄黄、鸡油黄、墨绿、淡绿、豆绿、淡粉、黑、茶和琥珀色等。

2. 套色玻璃鼻烟壶

套色玻璃是指用两种或两种以上的玻璃上下分层套色或者左右分列套色的玻璃。套色玻璃的制作方法有两种：一种是在单色的玻璃上满套与底色不同的另一种颜色的玻璃，然后在表层玻璃上雕琢图案；另一种是将图案装饰所需颜色的玻璃料条加热烧熔，直接在底层玻璃上粘贴花纹，然后再稍作雕饰。

套色玻璃鼻烟壶的制作工艺比较复杂，它是将分层套色工艺与逐层雕饰工艺相结合，制作出来的鼻烟壶不仅具有玻璃的质色美，雕饰后的套色还具有凹凸有致的浮雕效果，赋予鼻烟壶立体美感。

套色玻璃出现于清代康熙时期，是中国玻璃工艺的一大突破和创新。套色玻璃工艺复杂，就鼻烟壶的制作而言，套色越多，工艺就越复杂，其价值也越高。清代套色玻璃鼻烟壶有套单色和套多色之分。《勇庐闲诘》记载："套之色有红有蓝……更有兼套曰二采、三采、四采、五采或重叠套，雕镂精绝。康熙中所制，浑朴简古，光艳照烂如异宝。"

套单色玻璃鼻烟壶，一般是在涅白地、珍珠地或彩色玻璃上套单色玻璃，如白套蓝、白套红、白套粉红、白套黑、白套橘红、黄套红、红套黄、黄套绿、黑套红、蓝套豇豆红等。（如【图35】【图56】【图33】）

套多色玻璃鼻烟壶，一般是在涅白地、珍珠地或彩色地上套多色玻璃，其中以白地套多色者数量最多，有白地套二色、三色、五色者，最多的有八色。（如【图58】【图60】）

清代套色鼻烟壶的制作，除清宫玻璃厂外，还有北京和山东的一些民间作坊，最著名的是"勒家坯""袁家坯"和"辛家坯"，他们的师傅都曾是清宫玻璃厂的匠师，后来自己经营作坊，制作的鼻烟壶器型别致，雕工精细，是十分珍贵的工艺品。

存世的套玻璃鼻烟壶以套单色者为多，套多色者基本为清代中晚期民间作坊的作品。四川大学博物馆馆藏套色鼻烟壶也基本符合这一特点。

3. 玻璃胎画珐琅鼻烟壶

玻璃胎画珐琅鼻烟壶是指在已经烧制成型的玻璃胎上用珐琅彩绘禽鸟、花卉、山水、人物等图案，入窑二次复烧后制成的鼻烟壶新品种。玻璃胎画珐琅鼻烟壶胎体呈乳白色，笔画纤巧细腻，色彩鲜活亮丽，非常精美，令人爱不释手。由于玻璃和珐琅的熔点比较接近，二次入窑复烧时窑温很难掌控，温度过高或过低都不能烧制出理想的玻璃胎珐琅器，因此，胎体的薄厚和窑温的控制都是玻璃胎画珐琅鼻烟壶烧制时的主要工艺要求。

玻璃胎画珐琅鼻烟壶是清代玻璃制造和珐琅制造相结合研发的新品种，康熙时期开始烧造，盛行于雍正、乾隆时期。玻璃胎画珐琅鼻烟壶的工艺水平很高，深受帝王的喜爱。由于制作难度大，数量较少，流传于世的更是凤毛麟角，稀世之珍。现存的玻璃胎画珐琅鼻烟壶基本上是雍正、乾隆时期的作品，主要收藏在北京故宫博物院和台北故宫博物院。

乾隆以后官窑烧制玻璃胎画珐琅鼻烟壶逐渐衰落，虽然民窑也有此类作品，但质地、色彩均不能与官窑器相比。民窑器中最有名的当属"古月轩"款鼻烟壶，工艺精良，体小胎薄，绘画精致。关于"古月轩"，民间有很多传说，研究者们对其认识也各不相同，但是"古月轩"款鼻烟壶的存在是事实，也是清代珐琅彩鼻烟壶的一个类型。

4. 搅色玻璃鼻烟壶

搅色玻璃工艺出现于乾隆时期。其制作方法主要有两种：一种是在作为主色的玻璃料坯上粘贴其他颜色的玻璃料条，在吹制的过程中不断地旋转壶身，成型后的器物表面就会形成不同色彩的螺旋状纹理，自然流畅，形似彩色花束，十分美丽；另一种是将不同颜色的玻璃料混合在一起搅拌，制成的壶身上就会出现不规则的斑纹或雨点状纹饰，有的像油滴，有的似飘带，还有的如树木的纹理，自然优美，变幻无穷。

搅色玻璃鼻烟壶是清代中期玻璃鼻烟壶的主要品种，存世数量较多，其中不乏精品。

5. 内画玻璃鼻烟壶

内画玻璃鼻烟壶是鼻烟壶家族产生时代最晚的一种，出现于清代嘉庆时期，光绪、宣统时期制作和使用达到了一个新的高潮。内画工艺是用特制的钩笔在鼻烟壶内壁反向作画，非常考验工匠的画功、整体布局能力和腕力的巧妙运用，堪称鬼斧神工。玻璃内画鼻烟壶又有透明玻璃内画和磨砂玻璃内画之分，经过"串膛"工艺处理的玻璃鼻烟壶内壁形成朦胧的磨砂效果，绘画后呈现效果更佳。

桃红色玻璃素面鼻烟壶

年代：清中期
质地：玻璃
尺寸：通高 7.4 厘米，腹径 4.2 厘米

　　扁瓶形，直口，下腹内敛，浅圈足。白色玛瑙盖（后配），象牙匙内陷。壶体呈不透明的桃红色，颈部及上腹部颜色略深，表面形成兔毫般的纹理，通体光素无纹饰。

　　此壶器型规整，表面磨制光滑，做工精致，色泽艳丽，温润如玉，是清代玻璃鼻烟壶中的精品。

【图1】

【图2】

白色玻璃素面鼻烟壶

年代：清中期
质地：玻璃
尺寸：通高 6.3 厘米，腹径 4 厘米

　　圆瓶形，直口，下腹内敛，饼足。通体由乳白色玻璃制成。壶体因长期盛放烟叶而呈浅粉色，胎如凝脂，色泽梦幻。

白色玻璃素面鼻烟壶

年代： 清中期
质地： 玻璃
尺寸： 通高 7.9 厘米，腹径 6 厘米

扁圆形，直口，椭圆形饼足。绿玉盖连骨匙。通体由乳白色玻璃制成，光素无纹饰。

【图 3】

白色玻璃素面鼻烟壶

年代： 清
质地： 玻璃
尺寸： 通高 6.2 厘米，腹径 5.5 厘米

扁壶形，直口，卧足。通体由乳白色玻璃制成。因常年盛放鼻烟，残留的鼻烟粉末浸润内壁，形成淡黄色斑纹，温润似玛瑙。

【图 4】

年代：清中期

质地：玻璃

尺寸：通高 7.4 厘米，腹径 3.5 厘米

扁瓶形，直口，椭圆形平底。深红色玻璃盖连骨匙。通体由乳白色玻璃制成。腹部一面刻金文"己侯 俍作宝钟"，下腹为其楷书释文；另一面线刻渔翁撑筏图。图文均线刻填墨，以突出文字和纹饰。

【图 5】

雄黄色玻璃兽面衔环耳鼻烟壶

年代: 清中期
质地: 玻璃
尺寸: 通高 5.4 厘米，腹径 2.4 厘米

扁瓶形，直口，腹部呈棒槌形，圈足。粉色玻璃盖连骨匙。通体由雄黄色玻璃制成，两侧面雕饰铺首衔环耳。

【图 6】

【图 7】

橙色透明玻璃鼻烟壶

年代: 清中期
质地: 玻璃
尺寸: 通高 6.3 厘米，腹径 4.4 厘米

扁壶形，直口，腹部呈扁方形，椭圆形圈足。柱状绿料塞。通体由透明的橙色玻璃制成。壶身无纹饰，两侧面雕饰铺首衔环耳。

黄色玻璃鼻烟壶

年代： 清中期

质地： 玻璃

尺寸： 通高 7 厘米，腹径 4.6 厘米

【图 8】

　　扁圆形，直口，椭圆形平底。嵌珊瑚绿松石银盖连铜匙。壶身由玻璃制成，颈部包银，腹部边缘雕凸起的圆形开光，正中雕凸起的圆饼形。

　　此壶质地细腻如凝脂，黄色中夹杂稍许橙色纹理，若隐若现，极似蜜蜡。整体造型具有浓郁的民族风格，应该是清代皇家定制，赏赐给蒙古族、藏族贵族的鼻烟壶。

黄色玻璃素面鼻烟壶

年代： 清中期

质地： 玻璃

尺寸： 通高 7 厘米，腹径 5.1 厘米

　　扁壶形，直口，椭圆形圈足。红珊瑚盖连象牙匙。通体由"鸡油黄"色玻璃制成，光素无纹饰。做工精致，表面打磨光滑，温润如玉。

【图 9】

黄色玻璃素面鼻烟壶

年代：清中期
质地：玻璃
尺寸：通高 4.4 厘米，腹径 2.9 厘米

扁瓶形，唇口，扁腹上大下小，呈倒梯形，长方形平底。粉红色碧玺盖连骨匙。通体由"鸡油黄"色玻璃制成，质地温润，光素无纹饰。

此壶型制规整，色泽柔和，乃黄色玻璃鼻烟壶之佳品。

【图 10】

红色玻璃素面鼻烟壶

年代：清中期
质地：玻璃
尺寸：通高 6.4 厘米，腹径 4.9 厘米

扁壶形，直口，椭圆形圈足。翡翠盖连象牙匙。通体由深红色透明玻璃制成，光素无纹饰，可见腹内牙匙及内壁残留的烟末。

【图 11】

黑色玻璃垂胆形鼻烟壶

年代：清中期
质地：玻璃
尺寸：通高 7.4 厘米，腹径 2.8 厘米

垂胆形，直口，卧足。蓝玻璃盖连骨匙。通体由墨黑色玻璃制成，光素无纹饰。

【图 12 】

【图 13 】

鳝鱼黄色玻璃垂胆形鼻烟壶

年代：清中期
质地：玻璃
尺寸：通高 7.3 厘米，腹径 2.7 厘米

垂胆形，平口，卧足。橙色透明玻璃盖连骨匙。通体由鳝鱼黄色玻璃磨制而成，光素无纹饰。造型雅致，表面打磨光滑，色泽温润。

白色玻璃刻花鼻烟壶

年代：清中期
质地：玻璃
尺寸：通高 3.5 厘米，腹径 1.9 厘米

　　瓶形，直口，橄榄状鼓腹，平足。红珊瑚盖连象牙匙。通体由白色透明玻璃制成。环腹部装饰排列整齐的菱形图案，恰似一条腰带缠绕于壶身。肩部有六个打磨光滑的椭圆形斜面。下腹部饰以纵向的内凹纹饰。

　　此壶通高不足 4 厘米，小巧玲珑，非常少见。

【图14】

紫色玻璃兽面衔环耳鼻烟壶

年代：清中期
质地：玻璃
尺寸：通高 6.7 厘米，腹径 6.2 厘米

灯笼形，直口，椭圆形圈足。通体由紫色透明玻璃制成，两侧肩部雕饰狮首衔环耳。

【图 15 】

雄黄色玻璃鼻烟壶

年代：清中期
质地：玻璃
尺寸：通高 5.7 厘米，腹径 3.8 厘米

灯笼形，唇口，腹部鼓圆，椭圆形浅圈足。黄色琥珀盖连骨匙。壶体以雄黄色玻璃吹制而成，光素无纹饰。

【图 16 】

【图 17】

蓝色玻璃浅刻诗句鼻烟壶

年代：清中期
质地：玻璃
尺寸：通高 7.2 厘米，腹径 3 厘米

胆瓶形，直口，下腹部略鼓，椭圆形饼足。粉红色玻璃盖。通体由蓝色半透明玻璃制成。腹部一面饰喜鹊闹梅图，另一面线刻诗句。两侧面有凸起的椭圆形开光。腹部的纹饰和线刻的诗句，线条粗浅，已模糊不清。

水晶玻璃刻花鼻烟壶

年代：清中期
质地：玻璃
尺寸：通高 8.6 厘米，腹径 6.8 厘米

扁圆形，直口，小平足。粉红碧玺盖连象牙匙。通体由白色透明玻璃制成。壶身两面的圆形开光内有多个大小不同的菱形图案，表面装饰网格纹和花叶纹。两侧面磨出整齐的凹槽作为装饰。

此壶表面装饰图案系磨制而成，工艺高超，器型规整，晶莹剔透，十分精致。

【图 18】

透明玻璃刻双螭龙纹鼻烟壶

年代： 清中期
质地： 玻璃
尺寸： 通高 6.5 厘米，腹径 3.6 厘米

扁瓶形，直口，腹部呈扁长方体，阶梯形肩，椭圆形卧足。酱色玛瑙盖连角匙。通体以白色透明玻璃制成，内膛打磨成磨砂地。壶身两面均有长方形开光，一面线刻双螭龙纹，另一面光素无纹饰；两侧面均有长方形开光。

【图 19】

酱色玻璃磨花八角形鼻烟壶

年代： 清
质地： 玻璃
尺寸： 通高 5.7 厘米，腹径 4 厘米

多棱扁瓶形，直口，平肩，平底。铜镀金托嵌绿松石盖连骨匙。通体由酱色半透明玻璃制成，壶身磨制成规则的几何形。

因为长期盛放鼻烟，壶内有陈年烟末残留，看上去整体色泽不均。

【图 20】

蓝色透明玻璃"遥祝幸福"图鼻烟壶

年代： 清晚期

质地： 玻璃

尺寸： 通高 6.3 厘米，腹径 4.6 厘米

扁圆形，唇口，椭圆形圈足。红珊瑚盖连象牙匙。通体由蓝色透明玻璃制成。腹部一面饰松鼠石榴图案，一只松鼠蹲坐在石榴树下，双眼紧盯着枝头成熟的石榴，垂涎欲滴，寓意"多子多福"；另一面饰芭蕉扇、风筝图案，寓意"遥祝幸福"。两侧面雕饰铺首衔环耳。

【图 21】

白色玻璃素面鼻烟壶

年代： 清晚期
质地： 玻璃
尺寸： 通高 5.9 厘米，腹径 3.1 厘米

扁长瓶形，直口，椭圆形卧足。壶体由乳白色玻璃制成，两腹及两侧面均磨制平整，通体光素无纹饰，纯白无瑕，温润如玉。

【图 22 】

酱色玻璃素面鼻烟壶

年代： 清晚期
质地： 玻璃
尺寸： 通高 7.1 厘米，腹径 3.1 厘米

胆瓶形，平口，小圈足。盖已遗失，骨匙内陷。通体由酱色玻璃制成，光素无纹饰。

【图 23 】

红色透明玻璃鼻烟壶

年代：清晚期

质地：玻璃

尺寸：通高 7.6 厘米，腹径 3.3 厘米

扁长瓶形，直口，椭圆形圈足。黄色玻璃嵌翠玉顶盖连象牙匙。通体由红色透明玻璃制成，光素无纹饰。

此壶器型规整，造型简洁，色泽素雅，是清代中期典型的单色玻璃鼻烟壶。

【图 24】

【图 25】

红色透明玻璃鼻烟壶

年代：清晚期

质地：玻璃

尺寸：通高 6 厘米，腹径 4.4 厘米

扁壶形，直口，椭圆形圈足。乳白色玻璃盖连象牙匙。通体由枣红色透明玻璃制成，光素无纹饰。

红色透明玻璃鼻烟壶

年代： 清晚期
质地： 玻璃
尺寸： 通高 7.4 厘米，腹径 3.3 厘米

　　扁瓶形，直口，椭圆形圈足。竹盖，匙已遗失。通体由红色透明玻璃制成，器型规整，光素无纹饰。

【图 26】

茶色透明玻璃鼻烟壶

年代： 清晚期
质地： 玻璃
尺寸： 通高 6.8 厘米，腹径 2.8 厘米

　　扁长瓶形，直口，椭圆形圈足。白色透明玻璃盖嵌寿字红珊瑚顶，连象牙匙。通体由茶色透明玻璃制成，内腔打磨成磨砂地，光素无纹饰。

【图 27】

图录

玻璃仿白玉素面鼻烟壶

年代：清晚期
质地：玻璃
尺寸：通高 6.5 厘米，腹径 3.2 厘米

　　垂胆形，腹部较扁，椭圆形圈足。红色玻璃盖，匙已遗失。壶体由乳白色玻璃制成，质地温润似羊脂。透过壶壁可见壶内残留的烟粉斑渍。

【图 28】

蓝色透明玻璃鼻烟壶

年代：清晚期
质地：玻璃
尺寸：通高 6.5 厘米，腹径 2.9 厘米

　　长瓶形，唇口，椭圆形圈足。红色玻璃盖连骨匙。通体由蓝色透明玻璃制成，光素无纹饰。
　　此壶器形虽较小，但内腔打磨得很宽敞，玻璃的透明度很高，可以清楚地看到壶内的朱红色骨匙。

【图 29】

紫色玻璃茄形鼻烟壶

年代： 清晚期

质地： 玻璃

尺寸： 通高 8.5 厘米，腹径 2.7 厘米

【图 30】

茄形。嵌银绿色玻璃盖连象牙匙。壶体由紫色半透明玻璃制成，上细下粗，恰似一只自然成熟的长茄；嵌银绿色玻璃盖形似茄蒂和茄梗，使整体造型更加形象。

此壶是清代中晚期象生式鼻烟壶的精品。

【注】象生器，指仿造现实生活中的动植物或人物造型制作的器物，尤以仿生瓷的数量最多。象生器以模仿对象的外表特征和色彩为准，造型惟妙惟肖，可以达到以假乱真的效果。

褐色玻璃鼻烟壶

年代： 清晚期

质地： 玻璃

尺寸： 通高 6.3 厘米，腹径 2.8 厘米

【图 31】

扁长瓶形，直口，椭圆形圈足。翡翠盖。壶体由褐色半透明玻璃制成，光素无纹饰。

由于长期存放鼻烟，壶内壁形成了一层烟垢，还附有残留的鼻烟粉末。

蓝地套紫红色玻璃夔龙凤纹鼻烟壶

年代： 清中期
质地： 玻璃
尺寸： 通高 8.2 厘米，腹径 4.5 厘米

【图 32】

瓶形，直口，扁腹。蓝色半透明玻璃套紫红色玻璃。采用浮雕与线刻相结合的技法，壶体一面在紫红色玻璃上雕饰夔龙纹，另一面雕饰凤鸟纹，凤鸟尾部卷曲，形成螺旋状壶底。图案的雕刻均突出面部特征，在浮雕的尾羽上以阴线进行细部刻画，使得龙凤形象更加传神。

此壶器型独特，工艺精湛，乃玻璃鼻烟壶之精品。

蓝地套酱红色玻璃赏菊图鼻烟壶

年代：清中期
质地：玻璃
尺寸：通高 8.2 厘米，腹径 3.7 厘米

【图 33】

长瓶形，撇口，椭圆形圈足。红珊瑚盖连骨匙。孔雀蓝色玻璃套酱红色玻璃。壶体一面雕饰赏菊图，几案上菊花怒放，一位束发短髯的老者斜卧于前，一侧摆放着茶具，神情闲逸，品茗赏菊，上署"吉祥"字样。另一面雕饰猫戏蝴蝶图，桂花树下，兰花丛中，两只蝴蝶一上一下，翩翩起舞；洞石间，一只体态肥硕的猫在扑蝶嬉戏。两侧面雕饰插花爵形纹饰。图案整体寓意"耄耋富贵""吉祥富贵"。

蓝地套黑色玻璃鼻烟壶

年代： 清中期
质地： 玻璃
尺寸： 通高 7.6 厘米，腹径 3.2 厘米

扁瓶形，直口，椭圆形圈足。团螭纹珊瑚盖连骨匙。天蓝色玻璃套黑色玻璃。腹部两面均有黑色椭圆形开光，两侧面雕饰黑色铺首衔环耳。

【图 34】

白地套蓝色玻璃松鼠葡萄图鼻烟壶

年代：清

质地：玻璃

尺寸：通高 7.3 厘米，腹径 5.5 厘米

　　扁圆形，椭圆形圈足。金星玻璃盖连角匙。涅白色玻璃套蓝色玻璃。腹部两面的蓝色圆形开光内，一面为蟋蟀葫芦图，另一面为松鼠葡萄图。开光外罩透明玻璃。两侧面雕饰蓝色铺首衔环耳。

　　此壶将玻璃套色工艺与镶嵌工艺相结合，创造了独特的鼻烟壶装饰艺术。

【图 35】

【图 36】

白地套绿色玻璃花卉纹鼻烟壶

年代： 清中期
质地： 玻璃
尺寸： 通高 6 厘米，腹径 4.9 厘米

扁瓶形，直口，平底。翡翠盖，匙遗失。白色半透明地套绿色玻璃。壶体一面雕饰菊花，另一面雕饰海棠花，两侧面雕饰竹子，寓意"长寿富贵"。

此壶外形秀雅，雕工精致，寓意吉祥，为馆藏套料类鼻烟壶之精品。

白地套黑色玻璃博古图鼻烟壶

年代： 清

质地： 玻璃

尺寸： 通高 7.7 厘米，腹径 3.9 厘米

　　长瓶形，直口，椭圆形圈足。白地套黑色玻璃，通体饰"花博古"，图案由几案、鼎、聚宝盆、笔筒、蝙蝠、螭虎、荷花、如意等构成。

　　【注】北宋徽宗命大臣绘宣和殿所藏古器，编修成《宣和博古图》三十卷，后人因此将绘有瓷、铜、玉、石等古代器物的图画称为"博古图"。若图案中再点缀以花卉、果品等，又称为"花博古"。"博古图"有博古通今、崇尚儒雅之寓意，常用于书香门第、官宦人家的宅第装饰，也是中国古代艺术品上常见的装饰图案。

【图 37】

白地套酱色玻璃花鸟草虫图鼻烟壶

年代：清
质地：玻璃
尺寸：通高 7.7 厘米，腹径 3.4 厘米

扁瓶形，唇口，椭圆形圈足。盖已遗失，仅存木塞和象牙匙。白地套酱色玻璃。壶体一面雕饰松鼠葡萄图，另一面雕饰石榴、绶带鸟和蝙蝠图案，空白处有"吉祥"字样，寓意"多子多福"。两侧面雕饰铺首衔环耳。

【图 38】

藕粉地套红色玻璃兽面衔环耳鼻烟壶

年代： 清中期
质地： 玻璃
尺寸： 通高 7.4 厘米，腹径 3.2 厘米

　　长瓶形，侈口，斜直腹，浅圈足。红珊瑚嵌珍珠盖。壶体为藕粉地套红色玻璃，两侧饰红色玻璃兽面衔环耳，口沿和足底套红色玻璃。

【图 39】

黄地套绿色玻璃荷花纹鼻烟壶

年代： 清中期
质地： 玻璃
尺寸： 通高 5 厘米，腹径 4.1 厘米

　　扁瓶形，直口，椭圆形圈足。红色玻璃盖连象牙匙。橙黄色玻璃地套墨绿色玻璃。通体浮雕荷花、荷叶和莲蓬图案，近底部满套绿色玻璃，上以阴线刻水波纹，展现荷花在水中盛开的景象。

　　【注】"荷"通"和"，寓意"一团和气"。

【图 40】

图
录

珍珠地套橘红色玻璃出脊鼻烟壶

年代： 清中期

质地： 玻璃

尺寸： 通高 7.3 厘米，腹径 4.4 厘米

扁瓶形，直口，椭圆形圈足。翡翠盖。半透明珍珠地套橘红色玻璃。壶体两面为套橘红色玻璃椭圆形，两侧面为套橘红色玻璃竹节式出脊。

此壶形制规整，装饰简洁别致，套色和谐柔美。

【图 41】

蓝地套红白双色玻璃梅花图鼻烟壶

年代： 清中期

质地： 玻璃

尺寸： 通高 5.8 厘米，腹径 4 厘米

【图 42】

扁瓶形，直口，椭圆形圈足。嵌红色玻璃圆顶透明盖连象牙匙。透明蓝色玻璃地，一面套粉、白两色玻璃，浮雕梅花、蝴蝶图案，另一面光素无纹饰。

此壶套色雅致，雕工精巧，壶盖造型别致。

珍珠地套红色玻璃博古图鼻烟壶

年代：清
质地：玻璃
尺寸：通高 6.4 厘米，腹径 4.6 厘米

扁瓶形，直口，椭圆形圈足。绿色玻璃盖连象牙匙。透明珍珠地套红色玻璃。通体雕饰聚宝盆、鼎、盒、荷花、魑虎等构成的博古图，寓意吉祥。

【图 43】

白地套绿色玻璃荷花鹭鸶图鼻烟壶

年代： 清中期
质地： 玻璃
尺寸： 通高 7 厘米，腹径 5.2 厘米

【图 44】

　　扁瓶形，直口，平底。橙色玻璃盖连骨匙。白色半透明珍珠地套绿色玻璃。雕饰通景式荷花鹭鸶图案：池塘中荷花盛开，一只鹭鸶在空中飞翔，另有两只鹭鸶在池中觅食，构图紧密，富有生气。鹭鸶与荷花组合寓意"一路荣华""和合如意"。

　　此壶造型优美，雕工精巧，荷叶形底足颇有新意。

白地套蓝色玻璃圆形开光鼻烟壶

年代： 清晚期
质地： 玻璃
尺寸： 通高 5.9 厘米，腹径 3.4 厘米

　　圆瓶形，直口，短直颈，阶梯式肩，桶式腹，平底。桃形红珊瑚盖连骨匙。白色透明玻璃地套蓝色玻璃。壶体上层的蓝色玻璃被打磨后形成大小不同的白色圆形开光，排列整齐，犹如一扇扇通透的窗户。透过圆形开光可以清晰地看到壶内的骨匙。

【图 45】

【图 46】

透明地套蓝色玻璃九鼎图鼻烟壶

年代: 清晚期
质地: 玻璃
尺寸: 通高 6.6 厘米, 腹径 4.1 厘米

　　扁瓶形,直口,椭圆形圈足。绿玉盖连象牙匙。白色透明玻璃地套蓝色玻璃。通体雕饰九鼎纹饰。

　　【注】据说大禹建立夏朝以后,划分天下为九州,并令九牧贡献铜铸成九鼎,将九州的名山大川、奇珍异物镌刻于九鼎之身,一鼎象征一州,集中于夏王朝的都城。"九鼎"是中国的代名词,体现了王权的集中和至高无上,象征着国家的统一和民族的昌盛。

透明地套红色玻璃磨花鼻烟壶

年代： 清晚期

质地： 玻璃

尺寸： 通高 8.6 厘米，腹径 2.2 厘米

多棱瓶形，直口，筒式腹，圈足。黄色玻璃盖连象牙匙。透明玻璃地满套红色玻璃。颈部线刻蕉叶纹，腹部打磨出八个长条形凹槽，露出底层的透明玻璃，形成独特的装饰效果。

【图 47】

白地套红色玻璃鲤鱼纹鼻烟壶

年代：清晚期
质地：玻璃
尺寸：通高 6.4 厘米，腹径 3.1 厘米

扁瓶形，直口，圆底。绿玉盖连象牙匙。白色透明玻璃地套红色玻璃。在红色玻璃上雕饰鲤鱼图案，一面表现鱼的头部，鱼身、鱼尾则绕过圆底展现于壶体的另一面。

此壶采用浮雕手法表现鲤鱼形态，以线刻对鱼眼、鱼鳞等进行细部加工，形象鲜活，动感十足。

【图 48】

四川大学博物馆藏品集萃

鼻烟壶卷

白地套红色玻璃梅花纹鼻烟壶

年代： 清晚期
质地： 玻璃
尺寸： 通高 4.1 厘米，腹径 3.4 厘米

扁瓶形，直口，腹部扁圆，椭圆形平底。白色透明玻璃地套红色玻璃，壶体两面在红色玻璃上各雕刻一朵梅花。

此壶形体较小，器型规整，小巧玲珑。

【图 49】

【图 50】

白地套红色玻璃磨花鼻烟壶

年代： 清晚期
质地： 玻璃
尺寸： 通高 6.8 厘米，腹径 3.3 厘米

长扁瓶形，直口，平底。银镶翠玉盖，匙已遗失。乳白色玻璃地套红色玻璃。壶体表层的红色玻璃打磨后形成若干白色几何形装饰图案。

珍珠地套绿色玻璃"鹤鹿同春"图鼻烟壶

年代： 清晚期
质地： 玻璃
尺寸： 通高 7.6 厘米，腹径 3.4 厘米

长扁瓶形，直口，浅圈足。盖已遗失，象牙匙内陷。珍珠地套淡绿色玻璃，雕刻"鹤鹿同春"图：苍松遒劲，树下一只梅花鹿悠游自在；芭蕉树下，兰草丛中，一只仙鹤口衔灵芝，单腿独立，悠然自得。整体寓意"国泰民安"。

【图 51】

珍珠地套红色玻璃博古图鼻烟壶

年代： 清晚期
质地： 玻璃
尺寸： 通高 6.6 厘米，腹径 4.9 厘米

【图 52】

　　扁瓶形，直口，椭圆形浅圈足。红色玻璃盖连象牙匙。珍珠地套红色玻璃。壶体以几案、瓶、聚宝盆、璧，以及文具古玩、花卉异兽等构成博古图，寓意"清雅高洁"。两侧面雕饰铺首衔环耳。

珍珠地套红色玻璃双螭纹鼻烟壶

年代： 清晚期
质地： 玻璃
尺寸： 通高 6.1 厘米，腹径 3.8 厘米

瓶形，直口，腹部扁长，下腹内敛，椭圆形圈足。盖已遗失，仅剩黄料托，骨匙内陷。珍珠地套红色玻璃。壶体雕饰螭纹，双螭形体修长，躯体弯曲。两侧面雕饰铺首衔环耳。

【图 53】

珍珠地套蓝色玻璃九鼎图鼻烟壶

年代： 清晚期

质地： 玻璃

尺寸： 通高 5.15 厘米，腹径 4.6 厘米

扁瓶形，直口，椭圆形圈足。珍珠地套蓝色玻璃。通体雕饰九鼎图。

【图 54】

珍珠地套红色玻璃九鼎图鼻烟壶

年代： 清晚期

质地： 玻璃

尺寸： 通高 8.3 厘米，腹径 4.6 厘米

【图 55】

扁瓶形，平口，橄榄形扁腹，椭圆形圈足。青金石盖连骨匙。珍珠地套红色玻璃。通体雕饰九鼎图。

珍珠地套红色玻璃"喜鹊闹梅"图鼻烟壶

年代：清晚期
质地：玻璃
尺寸：通高 9.1 厘米，腹径 4.3 厘米

扁瓶形，直口，椭圆形扁腹，平底。绿色玻璃盖连象牙匙。珍珠地套红色玻璃。通体雕饰"喜鹊闹梅"图，几只喜鹊在傲雪盛开的梅花枝头嬉戏，其中一朵盛开的梅花伸展至壶底，形成梅花状平底，十分独特。

【图 56】

珍珠地套绿色玻璃"延年益寿"图鼻烟壶

年代： 清晚期
质地： 玻璃
尺寸： 通高 6.8 厘米，腹径 4.9 厘米

　　扁瓶形，直口，椭圆形圈足。翡翠盖，匙已遗失。珍珠地套绿色玻璃。壶体一面雕饰一老者手持松枝，骑坐驴背；另一面雕饰一老者肩扛松枝，缓步行走在松树间。图案寓意"延年益寿"。

【图 57】

白地套多色玻璃福寿图鼻烟壶

年代： 清晚期
质地： 玻璃
尺寸： 通高 6.8 厘米，腹径 4.5 厘米

扁瓶形，直颈，圈足。红珊瑚盖连象牙匙。白地套红、黑、深蓝、湖蓝、橙黄等多色玻璃。壶体一面雕饰松树、仙鹤、寿星、童子等，寓意"多福多寿"；另一面雕饰松树、蝙蝠、天官、小鬼等，寓意"天官赐福，统摄天界，役使鬼神，保天长存"。整体寓意"富贵长寿"。

【图 58】

【图 59】

白地套五色玻璃 "延年益寿" 图鼻烟壶

年代: 清晚期
质地: 玻璃
尺寸: 通高 6.2 厘米，腹径 3.5 厘米

扁瓶形，直口，椭圆形圈足。红珊瑚盖连骨匙。白地套粉、绿、蓝、黄、褐五色玻璃。在彩色玻璃上雕刻荷花、灵芝、大象、仙人等形象，空白处雕刻 "富贵寿考" "延年益寿" 字样。

白地套四色玻璃蝴蝶争春鼻烟壶

年代：清晚期
质地：玻璃
尺寸：通高 6.6 厘米，腹径 3.6 厘米

扁瓶形，直口，椭圆形圈足。白色半透明地套红、蓝、绿、黄四色玻璃，雕饰蝴蝶、花草，花开蝶舞，春意盎然。

【图 60】

白地套多色玻璃鼻烟壶

年代：清晚期
质地：玻璃
尺寸：通高 6.7 厘米，腹径 4.4 厘米

扁瓶形，直口，椭圆形圈足。白地套红、紫、绿、蓝、黄、褐等多色玻璃。雕饰"蝶舞花丛"图：各色菊花竞相绽放，彩色蝴蝶在花间翩翩起舞。构图疏密有致，色彩丰富，雕工精致。

【图 61】

透明地套五色玻璃"荷塘鱼戏"图鼻烟壶

年代：清晚期
质地：玻璃
尺寸：通高 6.7 厘米，腹径 3.7 厘米

　　扁瓶形，直口，卧足。红珊瑚盖连骨匙。透明地套红、黄、绿、粉、橙五色玻璃。通体雕饰"荷塘鱼戏"图，红、黄、粉、橙色四尾金鱼在碧波荡漾的荷塘中游弋嬉戏。

　　【注】"鱼"与"余""玉"同音，寓意"金玉满堂"。

【图 62】

白地套蓝色玻璃童趣图鼻烟壶

年代： 清晚期

质地： 玻璃

尺寸： 通高 5.6 厘米，腹径 5 厘米

扁圆形，直口，椭圆形圈足。白地套蓝色玻璃。通体雕饰童趣图。松树挺拔，芭蕉叶茂，四个孩童在树荫下、洞石旁嬉戏。

【图 63】

【图 64】

白地套黑色玻璃博古图鼻烟壶

年代：清晚期
质地：玻璃
尺寸：通高 5.4 厘米，腹径 4.9 厘米

　　扁圆形，直口，椭圆形圈足。
红色碧玺盖连象牙匙。白地套黑色
玻璃。通体雕饰笔筒、如意、宝瓶、
灵芝、几案等图案构成的博古图，
寓意"通晓古代""雅好博古"。
两侧面雕饰铺首衔环耳。

白地套黑色玻璃八宝图鼻烟壶

年代：清晚期
质地：玻璃
尺寸：通高 5.6 厘米，腹径 5.2 厘米

【图 65】

扁圆形，直口，椭圆形圈足。白地套黑色玻璃。通体雕饰吉祥八宝图案。

【注】八宝图，通常指宝伞、宝鱼、宝瓶、白海螺、吉祥结、胜利幢、金法轮、莲花，是典型的宗教纹样，宋元时期由西藏地区传入中原地区，是明清瓷器的装饰纹样之一，亦称"八吉祥"。

雄黄玻璃搅色鼻烟壶

年代： 清中期
质地： 玻璃
尺寸： 通高 7.7 厘米，腹径 3.4 厘米

瓶形，直口，筒式扁腹，椭圆形浅圈足。绿玉盖连骨匙。搅色玻璃工艺成型，通体以雄黄、淡黄二色搅成不规则的长条状或斑状纹理。

【图 66】

【图 67】

雄黄玻璃搅色鼻烟壶

年代： 清中期
质地： 玻璃
尺寸： 通高 6.2 厘米，腹径 4.6 厘米

扁圆形，平口，椭圆形小平底。盖已遗失，仅剩白玉托连象牙匙。搅色玻璃工艺成型，通体以雄黄色、淡黄色和褐色搅成形状各异的线条和斑状纹理，色泽艳丽，自然优美。

雄黄玻璃搅色鼻烟壶

年代：清中期
质地：玻璃
尺寸：通高5.8厘米，腹径5.5厘米

　　扁壶形，直口，扁圆腹，椭圆形假圈足。搅色玻璃工艺成型，通体以雄黄色和淡黄色搅成不规则的带状纹饰，似漂浮的水草。

【图68】

黄玻璃搅色鼻烟壶

年代：清中期
质地：玻璃
尺寸：通高5.4厘米，腹径4.2厘米

　　扁圆形，直口，椭圆形圈足。搅色玻璃工艺成型，通体以黄色和白色搅成不规则的浅黄色和橙色纹饰。
　　此壶形制规整，表面光滑，色泽柔和，是黄色搅胎玻璃之精品。

【图69】

玻璃搅色鼻烟壶

年代： 清中期
质地： 玻璃
尺寸： 通高 6.8 厘米，腹径 5.2 厘米

扁瓶形，直口，腹部扁圆，椭圆形圈足。搅色玻璃工艺成型，通体以褐色和橙黄色搅成橙黄色斑状纹饰，宛若珊瑚虫化石。

【图 70】

玻璃搅色鼻烟壶

年代： 清
质地： 玻璃
尺寸： 通高 5 厘米，腹径 4.4 厘米

扁圆形，直口，肩部平折，椭圆形饼足。搅色玻璃工艺成型，通体以乳白色、橙色和酱色搅成带状纹饰，有的平展，有的曲折，似海带在海水中飘荡。

【图 71】

四川大学博物馆藏品集萃

鼻烟壶卷

玻璃搅色鼻烟壶

年代：清
质地：玻璃
尺寸：通高 6.1 厘米，腹径 4.7 厘米

扁瓶形，直口，椭圆形圈足。绿色玻璃盖连骨匙。搅色玻璃工艺成型，通体以浅褐色和白色搅成乳白色珊瑚纹饰，自然巧妙，宛若天成。

【图 72】

【图 73】

玻璃搅色鼻烟壶

年代：清
质地：玻璃
尺寸：通高 6.5 厘米，腹径 4.9 厘米

扁圆形，直口，小平足。银镶蓝玻璃盖连骨匙。搅色玻璃工艺成型，通体以褐色和白色搅成不规则的纹饰，有天然化石般的纹理。

图录

063

玻璃搅色鼻烟壶

年代： 清中期
质地： 玻璃
尺寸： 通高 5.6 厘米，腹径 4.2 厘米

扁圆形，直口，卧足。翡翠盖系后配。搅色玻璃工艺成型，通体以深绿色、浅绿色和黄色搅成不规则的纹饰，宛若墨玉。

【图 74】

【图 75】

玻璃搅色鼻烟壶

年代： 清中期
质地： 玻璃
尺寸： 通高 6.6 厘米，腹径 4.9 厘米

扁圆形，直口，椭圆形饼足。粉色碧玺盖，匙已遗失。搅色玻璃工艺成型，通体以乳白色、金黄色和浅褐色搅成不规则的带状纹饰，宛若玛瑙。

四川大学博物馆藏品集萃 鼻烟壶卷

玻璃搅色鼻烟壶

年代： 清中期
质地： 玻璃
尺寸： 通高 8.9 厘米，腹径 4.2 厘米

　　胆瓶形，直口，腹部扁圆下垂，椭圆形浅圈足。白色透明玻璃盖连骨匙。壶体以雄黄、淡黄色玻璃搅制而成，在侧面、口沿及圈足处形成不规则的黄色装饰色带和色块。

【图 76】

玻璃搅色鼻烟壶

年代： 清中期
质地： 玻璃
尺寸： 通高 5.2 厘米，腹径 3.6 厘米

扁瓶形，直口，圆肩，卧足。翡翠盖连骨匙。搅色玻璃工艺成型，通体以雄黄色和淡黄色玻璃搅制出不规则的斑点及线状纹纹饰，纹理独特，自然美观。

【图 77】

【图 78】

玻璃搅色鼻烟壶

年代： 清晚期
质地： 玻璃
尺寸： 通高 7 厘米，腹径 3.1 厘米

扁长瓶形，直口，椭圆形平底。翡翠盖。搅色玻璃工艺成型。以白色为基色，以红色和绿色搅成带状纹饰，缠绕于壶身，宛若缎带。

玻璃搅色鼻烟壶

年代：清晚期
质地：玻璃
尺寸：通高 6.6 厘米，腹径 4.7 厘米

扁圆形，直口，腹部扁圆，平足内凹。翡翠盖连象牙匙。搅色玻璃工艺成型，通体以酱色、黑色搅成不规则的条状纹理，似孔雀开屏，又似巨浪翻滚，浑然天成，形成独特的装饰效果。

【图 79 】

玻璃搅色鼻烟壶

年代：清晚期
质地：玻璃
尺寸：通高 6.5 厘米，腹径 4.6 厘米

扁瓶形，直口，椭圆形浅圈足。红色碧玺盖连骨匙。通体以白色玻璃与草绿色玻璃搅制出带状纹饰，宛若飘荡的水草。

【图 80 】

图
录

玻璃搅色鼻烟壶

年代： 清

质地： 玻璃

尺寸： 通高 8.6 厘米，腹径 4.3 厘米

扁瓶形，直口，椭圆形圈足。红色玻璃盖连银匙。壶体以蓝色和黑色玻璃搅制而成，在颈部、腹部、及底部形成不规则的黑色块状装饰。

【图 81】

年代：清晚期
质地：玻璃
尺寸：通高 4.2 厘米，腹径 2.3 厘米

【图 82】

瓶形，直口，束颈，平底。粉红色碧玺盖。乳白玻璃胎上珐琅彩绘人物故事图。颈部饰如意云纹。白底署"古月轩"篆书款。

此壶胎薄体轻，画意甚佳，属晚清玻璃胎珐琅彩之精品，有原配织物烟壶套。

【注】"古月轩"泛指清代康熙、雍正、乾隆等朝的珐琅彩瓷器，其得名说法颇多，或说清宫中胡姓珐琅彩画师拆分其姓氏而得，或说乾隆朝宫中有古月轩，历朝御瓷皆藏于此，等等。各种说法广泛流传，实情尚无从考证。

四川大学博物馆藏"古月轩"款鼻烟壶均为清代晚期或民国时期民窑作品。

【图 83】

玻璃胎珐琅彩花鸟图鼻烟壶

年代：清晚期
质地：玻璃
尺寸：通高 6.1 厘米，腹径 4.9 厘米

　　扁瓶形，直口，椭圆形饼足。白玻璃胎上珐琅彩绘花鸟图：一面绘海棠画眉，树下野菊盛开，春意盎然；另一面雀鸟慵懒，桂花飘香，秋意已浓。底署"古月轩"篆书款。

　　此壶器型规整，胎体洁白光润，釉色清新淡雅，为清代晚期民窑精品。

玻璃胎珐琅彩蛙趣图鼻烟壶

年代：清
质地：玻璃
尺寸：通高 6.4 厘米，腹径 3.5 厘米

　　长扁瓶形，直口，卧足。乳白色玻璃上珐琅彩绘蛙趣图。一只青蛙蹲坐于荷叶上，专注地盯着自桂花枝头垂丝而下的蜘蛛，做好扑食的准备；池中荷叶间，另一只青蛙似被对面的美味诱惑，跃跃欲试。颈部饰折枝花纹。底署"乾隆年制"篆书寄托款。

【图 84】

第二部分

陶瓷类鼻烟壶

中国陶瓷器制作的历史可以追溯到商周时期。随着时代的发展，陶瓷制作工艺日益精进，清代发展到鼎盛时期。在陶瓷鼻烟壶的制作中，中国传统陶瓷器制作中的制胎、塑型、上釉、镂雕、彩绘、烧窑等工艺都得到充分运用，完美体现。

1. 紫砂鼻烟壶

清代陶鼻烟壶特指紫砂鼻烟壶，一般为扁壶形，有的还以泥彩绘画装饰。紫砂泥彩绘画是在紫砂坯上用泥彩绘制图案，再入窑经过高温烧制，不烧结，也不施釉。彩釉紫砂器是中国紫砂工艺和瓷器彩釉彩绘技术的结合，是紫砂产品的一个拓展。清代鼻烟壶中，彩釉紫砂类鼻烟壶罕见，十分珍贵。四川大学博物馆收藏的泥彩紫砂山水图鼻烟壶（如【图85】）是紫砂鼻烟壶的代表作品，也是馆藏精品。

2. 瓷鼻烟壶

瓷鼻烟壶是清代鼻烟壶中的另一个大类。清代中国制瓷工艺达到了历史高峰，为瓷鼻烟壶的制作提供了坚实的技术支撑。清代瓷鼻烟壶不仅器型多样，而且品种丰富，瓷器的主要品种如青花、青花釉里红、五彩、斗彩、粉彩、珐琅彩、雕瓷等应有尽有。

康熙时期为瓷鼻烟壶的初创时期，器型多为扁壶形，品种主要是青花和青花釉里红，采用的青花料为珠明料，色彩明快，有晕染的层次感，存世数量非常少。

雍正时期瓷鼻烟壶的制作工艺有了更多突破，器型浑圆饱满，品种以青花、青花釉里红为主。此外，粉彩、五彩、珐琅彩、开片瓷器等新品种也在这一时期创造出来。雍正时期瓷鼻烟壶精品更多，后世仿品也较多。

乾隆时期瓷鼻烟壶的制作发展到巅峰，瓷鼻烟壶的制作工艺、装饰题材等都有了很大的发展。其中，瓷胎画珐琅鼻烟壶最有特色，其成就超过了经典的青花鼻烟壶。据文献记载，乾隆时期，瓷鼻烟壶是中国皇帝赏赐各国来宾的必备礼品，而现存的瓷鼻烟壶也以乾隆时期的最为精致。

嘉庆时期延续了乾隆时期的盛况，青花釉里红、粉彩、雕瓷等鼻烟壶的制作工艺更加精进，产量也很大，官窑烧制的瓷器多追写乾隆款。嘉庆晚期，烧瓷技术逐渐衰落，瓷鼻烟壶的制作也开始进入低谷，民窑作品逐渐占主流，工艺粗糙，装饰随意。

道光时期，瓷鼻烟壶的生产逐渐脱离朝廷的监管，不论是景德镇窑还是各地民窑，瓷鼻烟壶的烧制都较随意，造型灵活多样。现存道光时期瓷鼻烟壶数量较多，粉彩居多，器型别致，色彩艳丽。象生瓷鼻烟壶也是这个时期的特色器型，深受平民百姓的欢迎（如【图142】）。

清代瓷鼻烟壶中还有一类瓷胎珐琅鼻烟壶，以乾隆时期的作品最精致，与玻璃胎珐琅器一样，都由清宫造办处珐琅作生产，仅供皇室使用。清代还有署"古月轩"款的瓷胎画珐琅鼻烟壶，器型精致，画工细致，色彩绚丽，精美异常。现存的署"古月轩"款画珐琅瓷鼻烟壶多为清代晚期到民国时期民窑伪造。

清代瓷鼻烟壶，除了珐琅彩瓷由江西景德镇制胎，运往京城后再由宫廷画师彩绘并烧成外，其他的品种都可由景德镇独立烧制。御制的鼻烟壶底部一般印有帝王年号款式，民窑生产的部分瓷器也有寄托款（如【图 103】【图 120】）。

瓷鼻烟壶从康熙到清末历经二百余年的发展，其时代特征与清代瓷器的时代特征基本一致。

泥彩紫砂山水图鼻烟壶

年代： 清中期

质地： 陶

尺寸： 通高 7.2 厘米，腹径 5.7 厘米

　　扁圆形，直口，圈足。以紫砂烧制而成，壶身两面内凹形成圆形开光，一面开光内以泥彩绘几丛修竹，另一面开光内绘山水人物。

　　【注】泥彩紫砂器是在紫砂坯上以泥彩绘制图案，再二次入窑烧制而成，是紫砂工艺和瓷器彩釉彩绘技术相结合的产物，是紫砂产品的一个拓展。清代鼻烟壶中，泥彩紫砂类鼻烟壶十分罕见，实属珍贵。

【图 85】

青花"竹林七贤"图鼻烟壶

年代：清中期

质地：瓷

尺寸：通高 6.4 厘米，腹径 2.6 厘米

长瓶形，唇口，筒式腹，圈足。翡翠盖连银匙。通体以青花绘"竹林七贤"图：翠竹挺拔，清幽静谧，名士们或观画，或闲谈，体现了文人雅士的闲情逸致。颈部饰珠帘纹，底部施白釉，无款识。

【图 86】

青花黄褐彩携杖出行图鼻烟壶

年代： 清中期
质地： 瓷
尺寸： 通高 7.3 厘米，腹径 3.1 厘米

　　瓶形，直颈中部有一圈竹节状凸起，鼓腹，下腹内收，形成圈足。粉红碧玺盖连象牙匙。通体以青花黄褐彩绘携杖出行图：一老者手持鸠杖伫立山坡，回首遥望，一手提竹篮的侍童紧随其后。空中北雁南飞，秋意已浓。

　　此壶纹饰以青花为地，以深浅不同的褐彩作为填充色，景色协调，人物生动传神。

【图 87】

青花人物故事图鼻烟壶

年代：清中期
质地：瓷
尺寸：通高 9.9 厘米，腹径 8 厘米

　　扁壶形，唇口，椭圆形圈足。通体以青花绘人物故事图：一面绘五位人物，中间一僧人，高额圆脸，慈眉善目，大腹便便，周围四人头戴巾帻，神态恭敬，其中两位手捧书本，像是在向僧人请教；另一面，围栏边，树荫下，两位高士席地而坐，相得甚欢，旁有童子随侍。两侧面饰铺首衔环耳，颈部饰十字花纹。

　　此壶青花色泽淡雅，构图疏密有致，人物线条流畅，层次分明，富有立体感。

【图 88】

【图 89】

青花钟馗捉鬼图鼻烟壶

年代: 清中期
质地: 瓷
尺寸: 通高 8.4 厘米,腹径 3.5 厘米

　　长瓶形,唇口外敞,短颈内收,筒式腹,圆形圈足,足底露胎。通体以青花绘钟馗捉鬼图:钟馗豹头环眼,铁面虬髯,脚踏祥云,降魔剑所指处,一幻化为人形的狐狸精落荒而逃。

　　【注】钟馗是中国古代民间传说中驱鬼逐邪之神。钟馗捉鬼的传说广为传诵,历代不衰。钟馗捉鬼图也是中国古代常见的装饰纹饰。

青花寒江独钓图鼻烟壶

年代： 清中期
质地： 瓷
尺寸： 通高 8 厘米，腹径 3.1 厘米

瓶形，唇口，圈足。通体以青花绘寒江独钓图：一老叟独坐江边，悠然垂钓。水天一色，空疏寂静。远山朦胧，近水微寒。颈部和肩部分别饰如意云头纹及双弦纹。白底无釉。

此壶整体构图疏朗，釉色淡雅。

【图 90】

青花寒江独钓图鼻烟壶

年代： 清中期
质地： 瓷
尺寸： 通高 8.1 厘米，腹径 2.6 厘米

　　唇口，宽颈微内敛，筒式腹，浅圈足。饼形盖连骨匙。通体以青花绘寒江独钓图：松崖江边，一长须老叟正独自垂钓。老叟头戴斗笠，衣袖和裤管都高高挽起，似乎不惧冬日的寒气。远山苍茫，近山葱郁，平静的江面上，南下的大雁排成"人"字形飞过。整个画面给人一派寂静、淡泊之感。

　　【注】壶盖系后配，壶盖的哥釉地上以青花楷书 "眼药武备瓶官罐"字样。据此推测，此壶原来可能是装药的容器，后被当作鼻烟壶使用。

【图 91】

青花缠枝菊花纹鼻烟壶

年代：清嘉庆（1796—1820）
质地：瓷
尺寸：通高 6.5 厘米，腹径 3.2 厘米

　　长瓶形，直口，直颈，椭圆形鼓腹，圈足。翠玉盖。通体以青花装饰，色泽浅淡。腹部满饰缠枝菊花，构图繁复，线条流畅，花瓣清晰，枝叶舒展，富有生气。颈部近口沿处饰如意云纹。底署青花竖排"雍正年制"楷书寄托款。

　　此壶青花色泽淡雅，具有时代特征。

【图 92】

【图 93】

青花缠枝牡丹纹鼻烟壶

年代: 清嘉庆(1796—1820)

质地: 瓷

尺寸: 通高 5.1 厘米,腹径 2.4 厘米

梅瓶形,唇口,丰肩,腹下收,平足。粉色碧玺盖连骨匙。通体饰青花缠枝牡丹纹,颈部饰"卍"字纹、圆点纹及单弦纹,近肩部饰如意云头纹,近足部饰仰莲瓣纹及单弦纹。

此壶构图饱满,青花淡雅。

青花婴戏图鼻烟壶

年代：清嘉庆（1796—1820）
质地：瓷
尺寸：通高 6.1 厘米，腹径 2.5 厘米

    瓶形，唇口外敞，筒式腹，圈足。胎体有自然冰裂纹。通体饰青花婴戏图：庭院栏杆之间，一群活泼可爱的孩童正在嬉戏，骑竹马，放风筝，拍皮球，持花灯，热热闹闹，童趣十足。圈足内署"雍正年制"楷书寄托款。

    此壶构图饱满，青花色泽较淡，孩童圆髻可爱，衣饰多样。

【图 94】

图录

青花山水图鼻烟壶

年代：清道光（1821—1850）

质地：瓷

尺寸：通高 7.6 厘米，腹径 6.5 厘米

　　扁圆形，直口，椭圆形圈足。绘太极图案骨盖连骨匙。通体饰青花山水图：远处群山嵯峨、云雾缭绕、近处树木葱茏、流水潺潺。底署"道光年制"篆书款。

　　此壶形体敦实，构图繁缛，青花色浓，整体缺乏层次感。

【图 95】

【图 96】

青花龙凤纹鼻烟壶

年代：清晚期

质地：瓷

尺寸：通高 7.4 厘米，腹径 3.6 厘米

　　扁瓶形，唇口，椭圆形圈足。红珊瑚盖连象牙匙。通体饰青花龙凤图：腹部一面的正上方绘一条腾飞的五爪龙，周围绕以九只展翅飞翔的凤凰，龙凤之间饰以如意云头纹。

青花龙穿牡丹纹鼻烟壶

年代：清晚期
质地：瓷
尺寸：通高 5.2 厘米，腹径 2.8 厘米

瓶形，唇口外敞，短颈微收，平肩，筒式腹，圈足。通体饰青花龙穿牡丹纹。青花浅淡，色泽明亮，整体构图繁复。颈部饰青花如意云头纹。底署"雍正年制"楷书寄托款。

【图 97】

青花《白蛇传》故事图鼻烟壶

年代：清晚期
质地：瓷
尺寸：通高 5.1 厘米，腹径 3.6 厘米

扁长方形，直口，长方形圈足。通体绘青花"水漫金山"故事图。颈部上沿饰青花弦纹。壶底露胎不施釉。

【注】"水漫金山"为中国四大民间爱情传说之一《白蛇传》的经典片段，描述的是为救被法海拘禁的许仙，白蛇施法水漫金山寺的场景。这是清代晚期瓷器装饰中比较常见的图案之一。

【图 98】

青花双龙戏珠纹鼻烟壶

年代： 清晚期
质地： 瓷
尺寸： 通高 5.9 厘米，腹径 2.8 厘米

圆瓶形，直口，筒式腹，圈足。红珊瑚盖连象牙匙。通体绘青花双龙戏珠纹，底署龙纹款。

【图 99】

青花人物故事图鼻烟壶

年代： 清晚期
质地： 瓷
尺寸： 通高 8.1 厘米，腹径 2.5 厘米

长瓶形，唇口，筒式腹，圈足。红珊瑚盖附骨匙。通体绘青花《西厢记》故事图：花窗内张生与崔莺莺举止亲密，屋外树荫下红娘在张望把风。底署"雍正年制"隶书寄托款。

【图 100】

青花博古图鼻烟壶

年代： 清晚期
质地： 瓷
尺寸： 通高 7.6 厘米，腹径 2.6 厘米

瓶形，唇口，筒式腹，圈足。透明玻璃盖连骨匙。腹部以青花绘几案、聚宝盆、古琴、古磬、绣凳、石榴等构成的博古图，近口部和足部饰弦纹。

此壶构图较疏朗，博古纹饰组合随意，青花浅淡。

【图 101】

青花龙纹鼻烟壶

年代： 清晚期
质地： 瓷
尺寸： 通高 8.2 厘米，腹径 3 厘米

瓶形，唇口，颈内敛，筒式腹，白釉平底刻偏心涡纹。绿色玻璃盖连象牙匙。通体绘青花青龙戏火珠图，青龙五爪有力，身体修长，首尾相连，摆尾腾飞，动感较强；不过，因突出龙头，躯体相对较弱，显得威武不足。

此壶构图疏朗，留白较多。

【图 102】

青花 "大刀手关胜" 图鼻烟壶

年代: 清晚期
质地: 瓷
尺寸: 通高 6.8 厘米,腹径 3.4 厘米

　　瓶形,唇口,筒式腹,圈足。通体在哥釉地饰青花 "大刀手关胜" 故事图。画面中关胜身披铠甲,头戴盔帽,身插护背旗,左手紧握佩剑,右手持鞭,前为赤兔宝马,空白处以青花楷书 "大刀手关胜"。颈部双弦纹间点缀不规则斑纹。底署 "大清雍正年制" 楷书寄托款。

　　【注】关胜为《水浒传》中人物,相传其是三国名将关羽的后代,精通兵法,所使兵器为青龙偃月刀。此类人物故事图又称 "刀马人物图",是清代戏剧小说等市民文化发展与繁荣的产物。

【图 103】

青花釉里红团寿纹鼻烟壶

年代：清

质地：瓷

尺寸：通高 5.6 厘米，腹径 5 厘米

扁圆形，唇口，椭圆形圈足。红珊瑚盖连骨匙。通体在红釉珍珠地上饰青花团寿纹。颈部饰青花回形纹。

【图 104】

【图 105】

青花釉里红诗句鼻烟壶

年代： 清晚期
质地： 瓷
尺寸： 通高 8.1 厘米，腹径 3.2 厘米

瓶形，直口，筒式腹，圈足。通体在白釉地上用青花楷书题七言绝句一首，款署"白山翰倬题 戊申年"。颈部及肩部饰青花釉里红卷云纹、五蝠纹，近底部饰海水纹。

【注】题诗曰："偶步东郊日已西，村烟漠漠野烟迷。风吹入树当前过，鸟带归山缺处齐。天外不知秋孰似，岭头谁识下皆低。莫言此景惟昏暮，一例清淌任笔题。"

青花釉里红龙纹鼻烟壶

年代： 清晚期
质地： 瓷
尺寸： 通高 7.9 厘米，腹径 2.9 厘米

瓶形，直口，筒式腹，圈足。桃形铜盖连铜匙。通体以矾红为地，用青花描绘一条五爪青龙戏逐火珠。龙爪纤细，龙躯粗短蜷曲，龙鳞细密。火珠呈逆时针方向旋转，形成山字形火焰。颈、肩部均饰如意云头纹。底部施白釉，无款识。

【图 106】

青花釉里红海水云龙纹鼻烟壶

年代： 民国
质地： 瓷
尺寸： 通高 4.8 厘米，腹径 3.2 厘米

罐形，唇口，平足。通体绘海水云龙纹：以青花勾勒蛟龙、海水的轮廓以及如意云纹，以红釉表现龙鳞、海水以及火焰。颈部饰联珠纹及弦纹。平底露胎不施釉。

此壶绘画技法呆板、生硬，没有生气，为民窑产品。

【图 107】

青花釉里红《西游记》故事图鼻烟壶

年代： 民国
质地： 瓷
尺寸： 通高 8.9 厘米，腹径 3.4 厘米

　　瓶形，唇口，筒式腹，圈足，红珊瑚盖连象牙匙。通体绘青花釉里红《西游记》之"火焰山"故事片段。以青花勾勒人物、云朵及火焰的轮廓，以红釉突出服装的色彩及火焰的炽热。颈部饰青花如意云头纹，下沿饰青花弦纹两周。

　　此壶构图疏朗，线条细腻，色彩浓淡相宜。

【图 108】

粉彩宝相花纹葫芦形鼻烟壶

年代： 清

质地： 瓷

尺寸： 通高 6.8 厘米，腹径 3.9 厘米

葫芦形，平口，扁腹，寰底，整体像一只压扁的葫芦。绿玉盖连象牙匙。通体以绿彩为地，满绘宝相花；束腰以上以红彩描绘蝙蝠。寓意"幸福美满"。

【注】宝相花又称宝仙花、宝花花，有吉祥、美满的寓意，是古代常见的吉祥纹样之一，也是独具民族特色的纹样。

【图 109】

粉彩孔雀花卉纹鼻烟壶

年代：清中期

质地：瓷

尺寸：通高 8.4 厘米，腹径 4 厘米

　　扁瓶形，直口，椭圆形圈足。半透明绿玛瑙盖连象牙匙。壶体以粉彩通绘孔雀花卉图案：一面绘一只雄孔雀，羽屏半开，五彩斑斓，双目注视着眼前含苞待放的牡丹，欲与花王一比高下，旁边梅花盛开，争芳添香；另一面绘一只雌孔雀，引颈回望，羽冠高耸，别有凤仪。寓意"富贵吉祥"。

　　此壶彩绘笔法工整，线条流畅，色彩清新淡雅，为清代中期粉彩鼻烟壶之佳品。

【图 110】

粉彩瑞兽纹鼻烟壶

年代： 清中晚期
质地： 瓷
尺寸： 通高 7.1 厘米，腹径 3.5 厘米

　　胆形，扁腹，椭圆形圈足。红珊瑚盖连象牙匙。在瓷胎上满刻水波纹并施白釉，再以粉彩描绘翼龙、麒麟、飞鱼、牛、虾、海螺等瑞兽形象，间饰火焰纹。底署红彩"乾隆"寄托款。

　　此壶纹饰繁缛，瑞兽的造型夸张，画法不精，具有典型的民窑作品特征。

【图 111】

【图 112】

粉彩双鸽狮犬图鼻烟壶

年代: 清道光（1821—1850）
质地: 瓷
尺寸: 通高 8.1 厘米，腹径 4 厘米

　　胆瓶形，直口，椭圆形圈足。粉红色玻璃盖连象牙匙。壶体一面彩绘两只鸽子在兰花草丛中嬉戏；另一面彩绘一只狮子犬在竹枝下嬉戏。底署红彩"道光年制"篆书款。

　　此壶构图简洁疏朗，笔法工整流畅，色彩清新淡雅，为道光时期粉彩鼻烟壶之佳品。

【图 113】

粉彩梅鹊图鼻烟壶

年代：清道光（1821—1850）
质地：瓷
尺寸：通高 7.2 厘米，腹径 3.9 厘米

　　直口，平肩，椭圆形圈足。蓝色玻璃盖。通体以粉彩描绘梅鹊图：以淡墨表现寒梅怒放，以浓墨刻画喜鹊在梅枝嬉闹，寓意"喜上眉梢"。底署"道光年制"款。

粉彩蝈蝈图鼻烟壶

年代：清道光（1821—1850）
质地：瓷
尺寸：通高 6.7 厘米，腹径 5.1 厘米

【图 114】

　　扁圆形，直口，椭圆形圈足。红珊瑚盖连骨匙。壶体两面以粉彩描绘蝈蝈图案。底署"道光年制"篆书款。

　　【注】蝈蝈为清代瓷器装饰中比较常见的图案，寓意多子多福，家财万贯。

年代： 清道光（1821—1850）

质地： 瓷

尺寸： 通高 6.4 厘米，腹径 5.2 厘米

【图 115】

　　扁圆形，直口，窝底。壶体饰以粉彩，一面绘丹凤朝阳图，一只凤凰独立于寿山石侧，仰望空中红日，周围牡丹盛开，繁花似锦；另一面绘富贵长寿图，牡丹怒放，丹桂飘香，桂树上一只仙鹤仰首张望，树下两只仙鹤神态悠然。图案寓意"富贵长寿"。底署"道光年制"篆书款。

粉彩"高山流水"故事图鼻烟壶

年代：清咸丰（1851—1861）

质地：瓷

尺寸：通高 6.6 厘米，腹径 5.1 厘米

【图 116】

扁圆形，直口，椭圆形圈足。绿色玻璃盖连象牙匙。通体饰粉彩"高山流水"故事图：一面，江边小舟上，伯牙专心抚琴，抒发心志；另一面，钟子期凝神赏琴，若有所悟。两侧面塑红色椭圆形耳。底署"咸丰年制"篆书寄托款。

【注】"高山流水"的故事出自《列子·汤问》。伯牙善鼓琴，钟子期善听。伯牙鼓琴志在高山，钟子期曰："善哉，峨峨兮若泰山。"志在流水，钟子期曰："善哉，洋洋兮若江河。"伯牙所念，钟子期必得之。子期死，伯牙谓世再无知音，乃摔琴绝弦，终身不复弹。后世常以"高山流水"比喻知音难遇或乐曲高妙。

粉彩 "文会" 图鼻烟壶

年代： 清同治（1862—1874）
质地： 瓷
尺寸： 通高 7.5 厘米，腹径 6.5 厘米

　　扁圆形，直口，椭圆形圈足。通体饰粉彩 "文会" 图，十八位文士，身着色彩鲜艳的服装，头戴金粉描边的幞头，谈兴正浓。底署 "大清同治年制" 篆书款。

　　此壶画工细致，人物描绘生动，粉彩描金工艺的使用比较独特，是清代后期民窑所出鼻烟壶之精品。

　　【注】武德四年（621），秦王李世民建 "文学馆"，收聘贤才，以杜如晦、房玄龄、于志宁、苏世长、姚思廉、薛收（薛收去世后，东虞州录事参军刘孝孙补进）、褚亮、陆德明、孔颖达、李玄道、李守素、虞世南、蔡允恭、颜相时、许敬宗、薛元敬、盖文达、苏勖等十八人并为学士，时称之为 "十八学士"。

【图 117】

四川大学博物馆藏品集萃

鼻烟壶卷

【图 118】

粉彩描金紫藤纹鼻烟壶

年代： 清
质地： 瓷
尺寸： 通高 6.2 厘米，腹径 3.4 厘米

　　梅瓶形，唇口，束颈，丰肩，椭圆形鼓腹，下腹内敛至足部后向外扩展形成喇叭形圈足。壶体从肩部开始满绘紫藤花，花藤错落有致，向下悬垂，花朵、藤叶均用金粉描绘。口沿、肩部、足部均以金粉描绘弦纹。

　　此壶造型美观，做工精细，紫藤花枝繁叶茂，光彩浮动，是难得的佳品。

【图 119】

粉彩雄鸡报晓图鼻烟壶

年代：清晚期
质地：瓷
尺寸：通高 5.2 厘米，腹径 2.6 厘米

　　胆形，鼓腹，圈足。通体以粉彩装饰，腹部描绘一只雄鸡单足立于屋顶，回望天空初升的红日，引颈报晓。周围洞石嶙峋，草色青青，百合盛开，优美恬静。底署"雍正年制"隶书寄托款。

　　此壶构图疏朗，画工精致，色泽艳丽，品相上佳。

粉彩人物故事图鼻烟壶

年代：清晚期

质地：瓷

尺寸：通高 8.2 厘米，腹径 4 厘米

  胆瓶形，直口，偏平腹，椭圆形圈足。嵌绿料顶珠红珊瑚盖连角匙。壶体一面以粉彩描绘母子三人，其乐融融；另一面描绘一绿衣儿童，手举石锁正在练功，旁边一长髯男子面带微笑，似乎在做指导。颈部饰红彩如意云头纹。

  此壶色彩淡雅，线条流畅，人物比例协调，表情刻画传神，达到了以画传意的效果。

【图 120】

【图 121】

红地粉彩人物故事图鼻烟壶

年代: 清中晚期
质地: 瓷
尺寸: 通高 6.9 厘米,腹径 3.8 厘米

　　扁瓶形,侈口,整体呈倒梯形,卧足。颈部、肩部及两侧面以珊瑚红彩描绘树纹,壶体两面有金彩倒梯形开光,内以粉彩描绘人物故事图,一面为"携琴访友",一面为《西厢记》故事。底署"乾隆年制"篆书寄托款。

四川大学博物馆藏品集萃 鼻烟壶卷

【图 122】

粉彩人物故事图双连瓷鼻烟壶

年代：清晚期
质地：瓷
尺寸：通高 5 厘米，腹径 4.7 厘米

壶体由两件相同的圆瓶形鼻烟壶连接而成，直口，圈足。通体以粉彩描绘人物故事图。两瓶底分署红彩"玩""玉"款。

此壶当为晚清民窑作品。

粉彩人物故事图鼻烟壶

年代：清晚期
质地：瓷
尺寸：通高 5 厘米，腹径 4.7 厘米

【图 123】

　　壶体由两件相同的圆瓶形鼻烟壶连接而成，直口，圈足。通体以粉彩描绘游船图。两瓶底分署红彩"雅""制"款。

　　此壶当为晚清民窑作品。

粉彩浮雕《白蛇传》故事图鼻烟壶

年代：清晚期
质地：瓷
尺寸：通高 7.7 厘米，腹径 5.6 厘米

　　扁壶形，侈口，椭圆形圈足。嵌宝石银盖连骨匙。通体浮雕《白蛇传》之"水漫金山斗法海"故事片段，再施以粉彩。颈部、近足部分别饰回纹和如意云头纹。底署"成化年制"行书寄托款。

　　此壶虽然品相不佳，但是工艺特别，是清代晚期民窑作品的一种类型。

【图 124】

粉彩镂雕缠枝花夹八宝纹鼻烟壶

年代： 清嘉庆（1796—1820）

质地： 瓷

尺寸： 通高 8.5 厘米，腹径 4.4 厘米

  扁瓶形，侈口，平足内凹。伞状瓷盖连象牙匙。通体镂雕粉彩八宝纹饰，颈部、肩部以及近底部分别刻回纹、如意云头纹和宝珠纹。

  【注】镂雕亦称镂空、透雕，是一种雕塑形式，即是在浮雕的基础上，镂空其背景部分，有的为单面雕，有的为双面雕。是在木、石、象牙、玉、陶瓷体等可以用来雕刻的材料上透雕出各种图案、花纹的一种技法。清乾隆时烧成镂空转心、转颈及镂空套瓶等作品，使这类工艺的水平达到了顶峰。

【图 125】

红釉镂雕龙凤呈祥图鼻烟壶

年代： 清嘉庆（1796—1820）
质地： 瓷
尺寸： 通高 7.1 厘米，腹径 4 厘米

【图 126】

　　扁瓶形，侈口，椭圆形卧足。通体镂雕龙凤呈祥图案，祥云为地，龙飞凤舞，象征阴阳调和。颈部、肩部及近底部分别刻回纹、如意云头纹。

　　此壶雕工细致，图案精美，红釉艳丽，是清代雕瓷鼻烟壶的经典作品。

【图 127】

红彩钟馗图鼻烟壶

年代： 清晚期
质地： 瓷
尺寸： 通高 8.4 厘米，腹径 4 厘米

　　胆瓶形，直口，扁腹，椭圆形圈足。黄色玻璃盖连象牙匙。壶腹两面以矾红彩绘钟馗形象：一面，钟馗身穿官袍，左手握剑，右手持笏，大腹便便，神态轻松，为文官形象；另一面，钟馗身披铠甲，左手叉腰，右手舞剑，为武将形象。

　　【注】钟馗是中国民间传说中驱鬼逐邪之神。其形象寓意"旺宅镇宅""招福辟邪"。在器物上装饰钟馗的形象，体现了人们追求安康祥和生活的美好愿望。

红彩狮滚绣球纹鼻烟壶

年代：清晚期
质地：瓷
尺寸：通高 8.5 厘米，腹径 2.6 厘米

　　瓶形，唇口，筒式腹，圈足。通体以矾红彩绘狮子滚绣球图：一头雄狮背负小狮，脚踏绣球，怡然自得；另有一只小狮前爪匍匐，仰首注视着前面的雄狮，像是在细心观摩，憨态可掬。

　　【注】此壶所描绘的狮子鬃毛蓬发，尾巴较大，显得比较夸张，具有浓郁的民间舞狮的色彩，这也是清代晚期狮纹的特点。

【图 128】

红彩火龙戏珠纹鼻烟壶

年代： 清晚期

质地： 瓷

尺寸： 通高 7.7 厘米，腹径 3.5 厘米

扁瓶形，直口，椭圆形圈足。红珊瑚盖连骨匙。通体以珊瑚红彩描绘一条翻腾飞跃，戏耍火珠的四爪火龙。火珠盘旋飞转，与火焰相连，呈"山"字形。

【图 129 】

【图 130】

白釉红彩印文鼻烟壶

年代：清
质地：瓷
尺寸：通高 6.3 厘米，腹径 5.9 厘米

　　扁圆形，直口，椭圆形圈足。通体在白釉地上用红彩描绘出不同形状的篆体吉祥语印文款，每个印文款旁边均用宋体标注其内容，如"天官大夫""青云有路""诗礼世家"等。底署"乾隆年制"款，可能是嘉庆署乾隆款器。

年代：清中期
质地：瓷
尺寸：通高 6.2 厘米，腹径 5.2 厘米

扁壶形，侈口，腹部与侧面相交处有明显的凸棱，平足。通体施白釉，开片不均匀，釉层肥厚饱满，口沿打磨后露出酱色胎。

【图 131】

【图 132】

白釉鹤鹿同春图鼻烟壶

年代：清晚期
质地：瓷
尺寸：通高 5.2 厘米，腹径 4.9 厘米

　　扁壶形，直口，椭圆形圈足。腹部两面均有圆形开光，一面浮雕口衔仙草的梅花鹿，另一面浮雕展翅仙鹤。通体以乳白色釉为地，用褐色釉描绘禽鸟的轮廓，使鹤和鹿的形象更加生动。寓意"鹤鹿同春""延年益寿"。

绿釉剔花蝙蝠梅花纹鼻烟壶

年代：清晚期
质地：瓷
尺寸：通高 7.1 厘米，腹径 3.5 厘米

【图 133】

扁瓶形，直口，下腹内敛，椭圆形圈足。白色骨盖连骨匙。通体施豆青釉。壶体一面浮雕蝙蝠，另一面浮雕梅花和竹子。寓意"幸福""高洁"。

【图 134】

黄地粉彩宝相花纹鼻烟壶

年代：清
质地：瓷
尺寸：通高 6 厘米，腹径 3.3 厘米

扁瓶形，唇口，椭圆形圈足。通体在黄釉地上用粉彩描绘宝相花纹，纹饰精细纤巧，色泽艳丽。两面近颈部饰蝙蝠纹。寓意"幸福美满"。底署"大清乾隆年制"篆书寄托款。

【图 135】

黄釉黑彩云龙纹鼻烟壶

年代：清道光（1821—1850）
质地：瓷
尺寸：通高 8.4 厘米，腹径 6.8 厘米

　　扁圆形，直口，椭圆形圈足。通体在黄釉地上用黑彩描绘四条五爪龙，或团身，或腾飞，或相对而戏，空白处饰以螺状云纹。底署"道光年制"篆书款。

黄釉兽面衔环耳鼻烟壶

年代：清晚期
质地：瓷
尺寸：通高 6.9 厘米，腹径 5 厘米

扁壶形，直口，椭圆形圈足。红玛瑙盖。通体施黄褐色釉，表面有冰裂细纹。两侧面饰铺首衔环耳。底署"古月轩"款。

此壶器型规整，釉色均匀，为清晚期瓷鼻烟壶之精品。

【图 136】

绿釉褐彩钟馗图鼻烟壶

年代： 清
质地： 瓷
尺寸： 通高 7.1 厘米，腹径 4 厘米

　　胆瓶形，直口，扁腹，椭圆形圈足。通体以绿釉为地，腹部两面以褐釉彩绘钟馗形象：一面为文官形象，另一面则为武将形象。

【图 137】

豆青釉刻花双系鼻烟壶

年代：清
质地：瓷
尺寸：通高 7.6 厘米，腹径 5.3 厘米

扁壶形，直口，扁圆腹，肩颈处有环形双系，椭圆形平底。壶体两面刻水仙花纹，通体施豆青釉。

【图 138】

蓝釉双系鼻烟壶

年代：清晚期
质地：瓷
尺寸：通高 6.3 厘米，腹径 4.8 厘米

扁壶形，直口，椭圆形平底。通体施蓝釉。肩颈相连处有环形系。腹部两面正中皆有圆形开光，内饰团寿字纹，周围有三层圈放射状光环。

【图 139】

【图 140】

白釉蜘蛛纹叶形鼻烟壶

年代： 清晚期
质地： 瓷
尺寸： 通高 5.4 厘米，腹径 3.6 厘米

　　叶形，直口，扁圆腹，下腹内收形成寰底。通体施白釉，刻划蜘蛛纹样，一面表现蜘蛛的头部，另一面表现蜘蛛的长脚及蛛丝。

白釉回形纹叶形鼻烟壶

年代：清晚期
质地：瓷
尺寸：通高 6.4 厘米，腹径 3.7 厘米

树叶形，直口，扁腹，下腹内收自然形成叶尖形底部。整体似两片树叶扣合在一起。两面均有叶形开光，内饰方格回形纹，开光外边缘饰树叶纹样，近口处刻划枝节部分。通体施白釉，口部磨釉露胎。

【图 141】

粉彩松鼠葡萄形鼻烟壶

年代： 清晚期

质地： 瓷

尺寸： 通高 8.1 厘米，腹径 3.7 厘米

仿松鼠形，一只可爱的小松鼠手捧一串葡萄正津津有味地啃食，富有趣味。蓝玻璃盖连骨匙。通体以褐彩为主，细笔描绘松鼠的毛发，用粉红、紫、绿色釉表现葡萄的成熟度。

此壶雕工细腻，立体感强，鼠目圆睁，神情紧惕，造型生动，具有一定的艺术感染力。

【注】以动物形象为造型，是清代晚期鼻烟壶的一个特色。

【图 142】

【图 143】

红绿釉荷花形鼻烟壶

年代：清晚期
质地：瓷
尺寸：通高 7.6 厘米，腹径 3.1 厘米

仿荷花形，小平口，扁腹。壶体恰似两片荷叶相互包裹，茎干为底，脊部为花蕾和莲蓬造型。通体以绿色描绘翠绿鲜嫩的荷叶，以粉色描绘含苞待放的荷花。壶盖为白瓷雕刻的莲蓬形状。整体造型形象逼真。

黄釉玉米形鼻烟壶

年代：清晚期
质地：瓷
尺寸：通高 6.8 厘米，腹径 2.9 厘米

　　玉米形，小平口，圈足。壶体为瓷塑玉米形状，玉米粒整齐饱满。通体施金黄色釉，表现玉米已经成熟。

　　此壶模仿玉米形象，造型别致，极富生活趣味，是晚清象生瓷鼻烟壶之代表作。

【图 144】

豆青釉鲤鱼形鼻烟壶

年代：清晚期
质地：瓷
尺寸：通高 8.7 厘米，腹径 3.2 厘米

　　鲤鱼形，唇口，椭圆形足。翠玉盖。壶体为一条鲤鱼，鱼嘴为口，鱼尾为足。通体施豆青釉，以黑釉点染鱼眼，表现鲤鱼的鲜活形象。

【图 145】

绿釉白菜形鼻烟壶

年代：清晚期
质地：瓷
尺寸：通高 7.1 厘米，腹径 3.5 厘米

【图 146】

　　白菜形，小口，短直颈。白菜形鼻烟壶属于象生瓷，整体瓷塑，通过细部刻画来表现实物形象。白菜叶片层层紧裹，叶脉纹理清晰；菜帮不施釉而露白胎，白嫩细腻；菜叶施绿色釉，翠色诱人。

　　此壶制作工艺精湛，技法高超，造型逼真，是清代民窑象生瓷之精品。

　　【注】白菜叶绿帮白，寓意做人要清清白白、堂堂正正；要有高雅的气节，淡泊名利。

玉石类鼻烟壶

在中国传统文化中，以玉比喻"仁""义""德""勇""洁"等美德。玉亦被认为是吉祥之物，古人认为一块上好的玉件不仅能趋吉避凶，还能防疾养生，因此，自古以来中国人就喜欢佩玉。《礼记·玉藻》："古之君子必佩玉。""君子无故，玉不去身。"鼻烟壶为随身携带之物，以玉制壶也是古人佩玉习俗的一种体现。

玉石类鼻烟壶的材料有和田玉、翡翠，以及水晶、玛瑙、绿松石、碧玺、青金石、孔雀石等天然矿物质宝石和琥珀、珊瑚、蜜蜡等有机质类宝石。据《道咸以来朝野杂记》，清代以来鼻烟壶"以玛瑙、白玉、水晶三种为上品，制作非精不足取"。据说以这些材质制成鼻烟壶有助于保留鼻烟的味道，壶体也不易破碎。玉石是最适宜的制壶材料，玉石类鼻烟壶也因此被称为"最正宗的鼻烟壶"。

玉质鼻烟壶出现于清代康熙时期。由于器形小巧，琢玉工艺复杂、难度大，加之玉材稀少珍贵，数量很少。乾隆时期清宫造办处设立玉作，专门生产皇室用的玉质鼻烟壶，乾隆三年（1738）生产玉质鼻烟壶35件，历经两年方完工，是这一时期玉鼻烟壶生产数量最多的一次。清宫造办处玉作生产的鼻烟壶造型古朴大方，工艺精湛，图案精美，寓意吉祥。此后，地方各省也开始生产玉石类鼻烟壶，苏州、扬州、北京、南京、杭州、九江、广州等都是著名的玉石类鼻烟壶的产地，其中"京作""苏作"最具有影响力。辽宁地区是中国玛瑙的主要产地，利用地域优势，辽宁地区生产了数量众多的各色玛瑙鼻烟壶，制壶工艺也颇为考究。

1. 玉质鼻烟壶

中国的美玉主要产自新疆和田地区。由于新疆准噶尔部叛乱，玉料进贡受阻，康熙、雍正时期生产的玉质鼻烟壶数量有限。乾隆时期，准噶尔部叛乱平定后，宫廷垄断了进贡的和田玉。材质优良的鼻烟壶均出自造办处玉作或苏州专诸巷玉工之手。后来，扬州、北京、广州的官办作坊也生产精美的玉器进贡给朝廷。

古人崇尚玉质的温润，讲究"无咎不遮花"，表现其自然本质，加之玉质鼻烟壶制作工艺复杂，因此最初制作鼻烟壶时，多注重材质而不注重做工。康熙、雍正时期的玉质鼻烟壶多为素面，只是造型有一些变化。乾隆时期，制玉工艺达到了一个新的高峰。道光元年（1821），朝廷下令停止玉贡，民间玉作坊渐渐发展起来。民间玉作坊制作的玉质鼻烟壶在风格上继承"官造"特点，不过样式更多，题材更广泛。苏州、扬州制玉工艺最为高超，生产的玉质鼻烟壶琢工细致，设计新颖。广东是清代中后期玉石鼻烟壶的重要产地，古玩行称"穗作"，工艺多浅浮雕或镂空雕，图案以民俗类较多。其他如东北、山东、山西等地生产的玉石鼻烟壶产量相对较少。

和田玉质地温润，色彩丰富，可细分为红玉、黄玉、墨玉、白玉、青白玉、青玉、碧玉等，用于鼻烟壶制作的主要是白玉和碧玉，其中又以白玉较为珍贵。和田玉中的籽玉，小而圆润，质地细腻，洁白无瑕，是制作鼻烟壶的天赐美材。匠师们巧加利用，因材施艺，将籽玉雕琢成各类小件玉器，非

四川大学博物馆藏品集萃

鼻烟壶卷

常精致,其中仿瓜果鱼虫等形象的鼻烟壶生动可爱,独具匠心。和田籽玉中还有一种带皮玉料,其光滑的表面上有黄、橙、褐等沁色,形成年代更为久远,是制作玉器的珍贵材料。乾隆帝对这种带皮玉料十分喜爱,所以当时清宫照办处的玉作制作了大量俏色玉鼻烟壶。制作时选用玉质温润、皮色俏丽的名贵玉料,直接掏膛成壶,保持其天然形状,易趣天成。

清代玉质鼻烟壶的样式可谓千变万化,除了典型的扁壶式、扁瓶式,还有瓜、果、梨、桃、鱼、蝉、龟等形态各异的象生壶。玉质鼻烟壶壶盖的材料也比较讲究,一般会选用翡翠、碧玺、玛瑙等宝石制作壶盖,不仅色彩鲜亮,也使得鼻烟壶更加珍贵。

2. 水晶鼻烟壶

水晶是一种稀有矿物,按照颜色可以分为无色透明的晶体,以及粉色、紫色、黄色、茶色水晶等;还有一种体内有伴生包裹体的水晶,如发晶、绿幽灵、红兔毛等。用水晶制作的工艺品晶莹剔透、高贵雅致,深受人们喜爱。

水晶鼻烟壶是储藏鼻烟的上佳器物,经常被做成坛形,器型较大,可以储藏更多的鼻烟。常见的水晶鼻烟壶有白水晶、发晶、茶晶、紫晶、绿晶、墨晶等品种,其中白水晶鼻烟壶最为常见,发晶鼻烟壶最为珍贵。

3. 玛瑙鼻烟壶

玛瑙是玉髓类矿物的一种,有半透明和不透明之分,光泽度高,异彩纷呈,素有“万变玛瑙”之称。清代玛瑙鼻烟壶选用的材质主要有玉带玛瑙、冰糖玛瑙、水草玛瑙、发丝玛瑙、红花玛瑙、黑花玛瑙等。工匠们在用玛瑙制作鼻烟壶时,会尽量呈现玛瑙的天然质地、自然纹理和美丽的色泽;或仅对玛瑙的天然纹理稍做处理,随形而成,自然成景。这种天然形成的山水人物、禽鸟鱼虫的画面,比人工绘画更具韵味。

玉带玛瑙是指玛瑙材质中间有一条条横向的包含物,就像玉带缠绕腰间,寓意“腰缠玉带,官运亨通”,是清人比较喜欢的制壶材料。

俏色玛瑙则是指在一块玛瑙上有两种以上的颜色。工匠们根据玛瑙的自然色彩和天然纹理,通过对包含的杂质或瑕疵的巧妙处理,雕刻出极富趣味的装饰图案,有一种自然天成的韵致。俏色玛瑙鼻烟壶也是清代玛瑙鼻烟壶中最具代表性的一种。

玛瑙鼻烟壶在制作时,要将内膛掏挖得很大,清代有所谓的“水上漂”玛瑙鼻烟壶,胎体极薄,内膛宽阔,充分展现了鼻烟壶制作中高超的掏膛工艺。

玛瑙鼻烟壶的出现稍晚于玉质鼻烟壶,目前存世最多的是乾隆年间的作品,其中又以“苏作”玛瑙鼻烟壶的工艺水平最高。

4. 琥珀、珊瑚鼻烟壶

琥珀属于有机矿物,是松柏树脂的化石,燃烧时有香气,又称为松香。琥珀一般为黄红色调,透明或不透明,光泽度和透明度都较好,质地纯净细腻,十分适合制作鼻烟壶。琥珀鼻烟壶数量也十分有限,大都属于清代中期作品,较为珍贵。

珊瑚是珊瑚虫分泌出的外壳,成分中含有一定量的有机质,形态似树枝,色彩鲜艳,可以做装饰品。红色、粉红色、橙红色珊瑚为宝石级珊瑚。清代视红珊瑚为华贵和优美的象征,用来制作鼻烟壶的大都是红珊瑚。

珊瑚虽不少见,但大多是细小的树枝状,主要用于制作壶盖或镶嵌,制作成鼻烟壶的非常少。

四川大学博物馆尚无珊瑚鼻烟壶的收藏,仅有部分鼻烟壶的壶盖为珊瑚制作。(如【图148】)

5. 其他石材鼻烟壶

除玉、水晶、玛瑙和琥珀、珊瑚等之外,青金石、碧玺、绿松石、端石、煤晶石、菊花石、各类化石和五色彩石等也可用于鼻烟壶的制作。有的鼻烟壶虽然材质普通,但形制独特,工艺精良,也是非常难得的工艺品。

白玉刻寿字方形鼻烟壶

年代：清中期
质地：玉
尺寸：通高 5.9 厘米，腹径 3.4 厘米

【图 147】

方瓶形，直口，平肩，直腹，长方形圈足。盖已遗失，仅剩绿料托。壶体两面的长方形开光内分别刻有六个不同字体的"寿"字。

此壶质地纯净无瑕，洁白细腻，做工精致。长方体器形也比较少见。

【图 148】

白玉梅竹双喜图鼻烟壶

年代：清中期
质地：玉
尺寸：通高 6.5 厘米，腹径 6.2 厘米

扁瓶形，直口，阔肩，腹部呈扁长方形，平底内凹。团螭纹红珊瑚盖连象牙匙。器形规整，一面的椭圆形开光内浅刻"囍"字，另一面则浮雕竹枝梅花图案。

白玉蕉叶纹鼻烟壶

年代：清中期
质地：玉
尺寸：通高 8.8 厘米，腹径 4.4 厘米

扁瓶形，侈口，卧足。盖已遗失。壶体两面及侧面均线刻芭蕉叶纹为装饰。

此壶造型优雅，温润细腻，洁白无瑕，蕉叶纹理刻画清晰，乃馆藏白玉鼻烟壶中的精品。

【图 149】

四川大学博物馆藏品集萃

鼻烟壶卷

【图 150】

白玉福寿如意图鼻烟壶

年代： 清中期

质地： 玉

尺寸： 通高 6.6 厘米，腹径 4.6 厘米

扁瓶形，直口，椭圆形圈足。盖已遗失。壶体一面线刻老虎饮水图，近肩部的橙黄沁色，恰如晚霞映照天空；另一面浮雕蝙蝠衔桃图案。整体寓意"福寿双全""福寿如意"。

白玉带皮瓜形鼻烟壶

年代： 清中期
质地： 玉
尺寸： 通高 8.5 厘米，腹径 4.6 厘米

鼻烟壶上小下大，外形似一只扁圆的冬瓜。花形红珊瑚盖连象牙匙。壶体取玉石的天然形状琢磨而成，质地细腻。

此壶通体无纹饰，以壶体表面的橙色玉皮为装饰，拙朴自然。

【注】清代制玉提倡"良材不琢"，即材质优良的玉料在制作成器的时候尽量保留其自身的质地和色彩，尤其是带皮玉料，只需稍加琢磨，制成的器物通常都是质更胜艺。此壶即其代表之作。

【图 151】

白玉素面鼻烟壶

年代： 清中期
质地： 玉
尺寸： 通高 6.1 厘米，腹径 3.0 厘米

扁瓶形，直口，椭圆形圈足。红珊瑚盖连象牙匙。通体光素无纹饰。

此壶质地细腻温润，壶身不做任何雕饰，凸显白玉的洁净无瑕，为馆藏白玉鼻烟壶之精品。

【图 152】

白玉素面鼻烟壶

年代： 清中期
质地： 玉
尺寸： 通高 6.5 厘米，腹径 3.9 厘米

直口，平肩，腹部呈扁圆柱状，椭圆形圈足。粉色碧玺盖连象牙匙。

此壶造型别致，玉质上乘，壶体不做任何雕饰，凸显玉质的光洁细腻。

【图 153】

白玉素面鼻烟壶

年代：清中期
质地：玉
尺寸：通高 6.1 厘米，腹径 4.7 厘米

　　扁圆形，侈口，底腹内收，形
成小平底。红珊瑚盖连象牙匙。通
体光素无纹饰，玉质略黄，呈半透
明状，可见内壁残留的鼻烟粉。

【图 154】

【图 155】

青玉素面鼻烟壶

年代：清中期
质地：玉
尺寸：通高 5.4 厘米，腹径 3.5 厘米

　　灯笼形，直口，腹部扁圆，椭圆形圈足。
盖已遗失，仅剩绿料托。通体光素无纹饰。
　　此壶形制较简单，但玉质上乘，温润
如脂。

【图 156】

青玉夔凤纹狮首衔环耳鼻烟壶

年代：清中期
质地：玉
尺寸：通高 6.6 厘米，腹径 5.3 厘米

　　扁壶形，直口，椭圆形圈足。嵌珍珠红珊瑚盖连象牙匙。壶体两面皆雕饰夔凤纹，两侧浮雕狮首衔环耳。

　　此壶雕工精致，线条刚劲有力，器表的土锈使鼻烟壶更显古朴端庄。

青玉瓜形鼻烟壶

年代：清中期
质地：玉
尺寸：通高 7.6 厘米，腹径 4.3 厘米

　　外形呈不规则椭圆形，平底，整体似一只成熟的冬瓜。碧玺盖连象牙匙。

　　通体用一块天然玉石磨制而成，表面有少许裂纹，光素无纹饰。

【图 157】

【图 158】

青玉蝴蝶藤蔓纹瓜形鼻烟壶

年代： 清中期

质地： 玉

尺寸： 通高 5.6 厘米，腹径 5.1 厘米

瓜形。通体浅浮雕瓜蔓及蝴蝶纹饰，无论从哪个角度欣赏，都可见瓜叶舒展，蝴蝶翩翩。整体构图虽然较满，但并不显冗杂。

【注】瓜、蝶组合的纹饰，寓意"瓜瓞绵绵"，象征子孙繁多、家族兴旺。

【图 159】

青玉素面鼻烟壶

年代: 清中期
质地: 玉
尺寸: 通高 7.3 厘米，腹径 2.9 厘米

扁长瓶形，直口，腹部呈柱状，椭圆形圈足。翡翠盖连象牙匙。通体光素无纹饰，玉质细腻，光洁透亮，透过外壁可见壶内残留的鼻烟粉末。

青玉素面鼻烟壶

年代: 清中期
质地: 玉
尺寸: 通高 5.8 厘米，腹径 3.6 厘米

扁瓶形，直口，椭圆形圈足。橙色透明玻璃盖连象牙匙。通体光素无纹饰，玉质细腻温润。

【图 160】

青玉双螭纹鼻烟壶

年代： 清中期
质地： 玉
尺寸： 通高 9.2 厘米，腹径 3.8 厘米

胆瓶形，腹部较扁，卧足。碧玺盖连象牙匙。通体以阴线刻双螭纹，双螭一上一下，首尾相应，盘旋飞舞。

【图 161】

【图 162】

青玉带皮花卉诗歌鼻烟壶

年代： 清晚期
质地： 玉
尺寸： 通高 5.3 厘米，腹径 4.7 厘米

　　扁圆形，撇口，平底。壶体以清人钱维城《景敷四气·冬景图》之十二图题为装饰，一面线刻月季花纹饰，另一面线刻隶书御题诗句："朵开月月映阶唇，带雪披风更可人。须识此花深易理，四十（时）二（一）气贯长春。"

【图 163】

碧玉素面鼻烟壶

年代： 清中期
质地： 玉
尺寸： 通高 6.7 厘米，腹径 5.0 厘米

　　扁圆形，直口，椭圆形圈足。嵌翠玉顶红珊瑚盖。壶体以碧玉磨制而成，胎体呈深绿色，夹杂有大量黑色颗粒状矿物质，光素无纹饰。

碧玉瓜形鼻烟壶

年代：清中期
质地：玉
尺寸：通高 6.8 厘米，腹径 3.7 厘米

六棱椭圆瓜形。壶体以碧玉雕琢而成，玉质温润，夹杂浅绿色斑点，恰似一只刚刚采摘下来的黑皮冬瓜，含珠带露，水灵可爱，几可乱真。

【图 164】

青玉梅花双骏图鼻烟壶

年代： 清中期
质地： 玉
尺寸： 通高 7.5 厘米，腹径 4.2 厘米

扁瓶形，直口，椭圆形圈足。红玛瑙盖连象牙匙。壶体一面雕刻双骏图，另一面雕刻梅花图案。

此壶在制作时巧妙利用绿玉内包含的褐色沁色和白色棉点，雕刻出树荫下休憩的马匹和枝头傲雪怒放的梅花图案，设计巧妙，独具特色。

【图 165】

【图 166】

黄玉带皮双螭纹鼻烟壶

年代：清中期
质地：玉
尺寸：通高 7.6 厘米，腹径 5.4 厘米

扁瓶形，直口，椭圆形圈足。红珊瑚盖连骨匙。壶体一面利用玉石的褐色表皮浮雕双螭纹，双螭两首相对，两尾相衔，盘旋飞舞；另一面在黄玉上线刻一枝梅花。

【注】螭纹最早见于商周青铜器。受复古风气的影响，宋代以后的艺术品常以螭纹作为装饰。

年代：清晚期
质地：翡翠
尺寸：通高 7.4 厘米，腹径 4.3 厘米

　　扁瓶形，直口，椭圆形圈足。翡翠盖连骨匙。通体以翡翠磨制而成，中规中矩，光素无纹饰，突出翡翠本身的翠色。

【图 167】

玛瑙巧作骑奔图鼻烟壶

年代： 清中期
质地： 玛瑙
尺寸： 通高 7.8 厘米，腹径 5.5 厘米

　　扁瓶形，直口，椭圆形圈足。粉色碧玺盖连象牙匙。壶体由黄色玛瑙制成，一面光素无纹饰；另一面在黄褐色皮料上巧妙雕刻一幅骑马图：一位头戴红缨帽，肩扛旗帜的勇士策马奔驰，其右上侧有一只展翅飞翔的蜜蜂。图案有两重寓意，一为"马上封侯"，一为"天戈所指，扫荡妖气"。

【图 168】

玛瑙天然野凫逐鱼图鼻烟壶

年代： 清中期

质地： 玛瑙

尺寸： 通高 5.4 厘米，腹径 4.2 厘米

扁瓶形，直口，小平底。红色珊瑚盖。壶体由杂色玛瑙制成，一面天然形成的黑红色斑纹似一只在水中凫游的野鸭，另一面红色的斑纹似一条肥美的鱼儿在水中悠然游弋，两幅画面组合成一幅富有趣味的野凫逐鱼图。

【图 169】

玛瑙天然鱼藻纹鼻烟壶

年代： 清中期
质地： 玛瑙
尺寸： 通高 4.8 厘米，腹径 4.2 厘米

扁瓶形，直口，椭圆形假圈足。壶体由杂色玛瑙制成，一面光素无纹饰；另一面黄色玛瑙上天然形成的红、黑色斑纹宛若金鱼在水藻间嬉戏，动感十足，极富装饰性。两侧浮雕兽面衔环耳。

【图 170】

【图 171】

玛瑙兽面衔环耳鼻烟壶

年代： 清中期
质地： 玛瑙
尺寸： 通高 6.8 厘米，腹径 5.4 厘米

　　扁壶形，直口，椭圆形圈足。红珊瑚盖连骨匙。壶体由米黄色玛瑙制成，通体光素无纹饰，两侧浮雕兽面衔环耳。

水草玛瑙鼻烟壶

年代： 清中期
质地： 玛瑙
尺寸： 通高 7.5 厘米，腹径 6.4 厘米

　　扁瓶形，直口，椭圆形圈足。翡翠盖。壶体由缠丝玛瑙制成，淡黄色底调上天然形成的绿色、黄色带状纹理，或卷曲，或舒展，犹如随波飘荡的水草。

【图 172】

【图 173】

玛瑙御题诗句鼻烟壶

年代： 清中期
质地： 玛瑙
尺寸： 通高 5.6 厘米，腹径 4 厘米

　　扁壶状，侈口，椭圆形镂空花篮足。粉红色碧玺盖连象牙匙。通体刻七律诗一首："羡君掌上握奇珍，温润频生四座春。瑞气随身常护体，香烟满袖自相亲。玲珑翠色含秋水，皎洁瑶光祛垢尘。雅爱共推三代器，清高玩品最宜人。"款署"乾隆御制"。肩部浮雕兽面耳。

　　此壶材质上乘，除近口部有一丝橙色沁色外，通体白净温润，似水晶般透明。琢磨工艺亦属高超，两兽耳雕琢得活灵活现，花篮足更是精美少见，配上粉红色碧玺盖，更显玲珑精致，令人爱不释手，为清代鼻烟壶之精品。

玛瑙南瓜形鼻烟壶

年代： 清中期
质地： 玛瑙
尺寸： 通高 5.7 厘米，腹径 3.4 厘米

南瓜形，壶口较平整，平底。圆形象牙盖连骨匙。壶体由整块玛瑙磨制而成，通体橙黄色间以不规则的浅黄色和白色条状纹理，呈现祥云般图案，十分俏丽。

【图 174】

【图 175】

缠丝玛瑙鼻烟壶

年代： 清中期
质地： 玛瑙
尺寸： 通高 7.1 厘米，腹径 5 厘米

扁壶形，直口，方形扁腹，椭圆形圈足。碧玺盖连骨匙。壶体由天然玛瑙磨制而成，通体呈米黄色，腹部有几条天然形成的带状纹饰，黄白相间，似玉带缠绕，十分奇妙。

此壶色泽温润，纹理自然，腹部的缠丝纹呈平行状，如腰缠玉带，为清代鼻烟壶中难得之佳品。

【注】缠丝玛瑙是红缟玛瑙之一种，是各种颜色以丝带形式相间缠绕的一种玛瑙，因相间色带细如游丝，故得名。

四川大学博物馆藏品集萃

鼻烟壶卷

玛瑙巧作鸟栖猿戏图鼻烟壶

年代: 清晚期
质地: 玛瑙
尺寸: 通高 8 厘米,腹径 6.05 厘米

　　扁瓶形,直口,椭圆形圈足。翡翠盖连象牙匙。壶体由玛瑙制成,一面巧妙利用玛瑙的深褐色外皮,雕刻鸟栖林间的画面;另一面橙黄的沁色形成一个天然的圆形开光,再利用表层褐色外皮雕磨出双猿戏蝶的图案。

【图 176】

黄玛瑙鼻烟壶

年代：清
质地：玛瑙
尺寸：通高 8 厘米，腹径 4.3 厘米

扁瓶形，直口，椭圆形平底。嵌珊瑚松石银盖连铜匙。壶体由橙黄色玛瑙磨制而成，玛瑙内含红色包含物，在表面形成天然装饰效果。

【图 177】

红玛瑙素面鼻烟壶

年代：清晚期
质地：玛瑙
尺寸：通高 5.5 厘米，腹径 2.6 厘米

灯笼形，唇口，椭圆形圈足。镀铜花瓣顶红珊瑚盖连铜匙。壶体由红玛瑙制成，胎色上深下浅，器表有细微裂纹。

【图 178】

【图 179】

红玛瑙鼻烟壶

年代：清晚期
质地：玛瑙
尺寸：通高 5.4 厘米，腹径 4 厘米

扁圆形，直口，椭圆形饼足。红玛瑙盖。壶体由红玛瑙制成，两面均有凸起的圆形开光，左右两侧有椭圆形开光，光素无纹饰。玛瑙温润鲜亮，橙红的底色中可见少许天然形成的黄色条纹。

发晶鼻烟壶

年代： 清中期
质地： 水晶
尺寸： 通高 6.7 厘米，腹径 4.6 厘米

　　扁瓶形，侈口，小平底。盖已遗失，仅剩铜托，骨匙内陷。壶体由黑色发丝水晶制成，通体无纹饰，内腔有磨砂状痕迹，胎体有裂纹。水晶质地通透，晶体内分布不规则的黑色发丝状包含物，错综复杂，形成天然的装饰图案，立体感极强。

　　【注】此类水晶内包含的线状物极像头发，亦称"发晶"。发晶象征吉祥、财富。

【图 180】

【图 181】

发晶鼻烟壶

年代： 清中期
质地： 水晶
尺寸： 通高 8.1 厘米，腹径 4.1 厘米

　　瓶形，直口，椭圆形圈足。透明玻璃盖连骨匙。壶体由水晶制成，通体无纹饰，晶体内有黑色发丝状包含物，形成天然的装饰效果。水晶质地通透，玻璃感极强，壶内骨匙清晰可见。

发晶鼻烟壶

年代：清中期
质地：水晶
尺寸：通高 8.1 厘米，腹径 4.9 厘米

扁瓶形，直口，椭圆形圈足。红珊瑚盖连象牙匙。壶体由水晶制成，胎体一面呈浅黄色，一面晶体内有黑色发丝状包含物，形成天然的装饰效果。

【图 182】

发晶双喜鼻烟壶

年代： 清中期
质地： 水晶
尺寸： 通高 4.8 厘米，腹径 3.3 厘米

扁瓶形，直口，平底。壶体由浅褐色水晶制成，晶体内有少量黑色发丝状包含物。壶体两面的方形开光内浮雕"囍"字，寓意喜庆吉祥。

【图 183】

紫晶"刘海戏蟾"图鼻烟壶

年代： 清中期

质地： 水晶

尺寸： 通高 7.3 厘米，腹径 5.1 厘米

扁瓶形，直口，椭圆形圈足。翡翠盖。壶体由淡紫色水晶制成，通景式浅浮雕"刘海戏蟾"图：池边古树沧桑，杨柳低垂，刘海双手舞动钱串，正在戏弄水边的两只蟾蜍。整个画面喜气洋洋，饶有趣味。

【注】中国古代民间有"刘海戏金蟾，步步钓金钱"的说法，寓意财源兴旺，幸福美好。

【图 184】

紫晶素面鼻烟壶

年代： 清中期
质地： 水晶
尺寸： 通高 7.7 厘米，腹径 5.8 厘米

扁瓶形，唇口，短直颈，椭圆形圈足。蓝色玻璃盖连象牙匙。壶体由浅紫色水晶制成，通体光素无纹饰。水晶光滑通透，玻璃感很强，内壁残留有鼻烟粉末。

【图 185】

水晶蝉形鼻烟壶

年代： 清中期
质地： 水晶
尺寸： 通高 8.8 厘米，腹径 3.3 厘米

蝉形。翡翠盖连象牙匙。壶壁厚实，体腔较小。采用圆雕辅以阴线刻的技法，将蝉的外形及背部的凹槽、腹部的线条、轻盈的羽翼以及眼部特征等一一表现出来，造型灵动，惟妙惟肖。

【注】此类器物在造型上模仿动物形状，灵动逼真，惟妙惟肖，所以又被称为"象生器"。

【图 186】

四川大学博物馆藏品集萃

鼻烟壶卷

水晶蕉下狮趣图鼻烟壶

年代： 清中期
质地： 水晶
尺寸： 通高 8.4 厘米，腹径 6 厘米

扁瓶形，直口，椭圆形圈足。淡紫色玻璃盖连象牙匙。壶体由白色透明水晶制成。一面浮雕狮戏图：一只雌狮和两只幼狮在芭蕉树下戏耍，画面温馨；另一面光素无纹饰，可见因壶体冰裂而予以修补的铜钉花。

【图 187】

水晶福寿如意图鼻烟壶

年代： 清中期
质地： 水晶
尺寸： 通高 6.2 厘米，腹径 3 厘米

【图 188】

方棱瓶形，直口，短直颈，腹部打磨成六棱柱状，圈足。红珊瑚盖连象牙匙。壶体由无色透明水晶制成，内腔打磨成磨砂地，外壁浅浮雕兰花、梅花、灵芝、喜鹊、蝙蝠等图案，寓意"喜上眉梢""富贵如意"。

白水晶鼻烟壶

年代：清中期
质地：水晶
尺寸：通高 5.8 厘米，腹径 4.7 厘米

扁瓶形，直口，椭圆形圈足。嵌翠玉顶红玻璃盖连象牙匙。壶体两面均有圆形开光，两侧面均有椭圆形开光。此壶为天然透明水晶雕琢制成，内腔打磨成磨砂地，象牙匙隐约可见。

【图 189】

白水晶素面鼻烟壶

年代：清中期
质地：水晶
尺寸：通高 4.7 厘米，腹径 5.1 厘米

扁圆壶形，侈口，平底。盖已遗失。壶体由无色透明水晶制成，内腔打磨成磨砂地。

此壶是以天然水晶雕琢而成，工艺高超，虽为扁腹，但内腔宽阔，壶壁较薄，是馆藏水晶鼻烟壶之精品。

【图 190】

茶晶素面鼻烟壶

年代： 清晚期
质地： 水晶
尺寸： 通高 6.1 厘米，腹径 3.1 厘米

扁瓶形，直口，椭圆形圈足。翡翠盖。壶体由褐色半透明水晶制成，表面有很多沙粒状坑点。

【图 191】

茶晶素面鼻烟壶

年代： 清晚期
质地： 水晶
尺寸： 通高 5.5 厘米，腹径 2.7 厘米

长扁瓶形，直口，椭圆形圈足。红色珊瑚盖连象牙匙。壶体由茶色透明水晶制成，内膛打磨成磨砂地，形成壶中套壶的效果，外壁可见细微裂痕。

【图 192】

【图 193】

天然斑石鼻烟壶

年代： 清中期

质地： 石

尺寸： 通高 7.3 厘米，腹径 6.4 厘米

　　扁瓶形，直口，椭圆形圈足。壶体表面有天然纹理，形若菊瓣，状若蜂巢，紧密排列。一面以白色为主，另一面的下腹部呈墨色。

　　此壶器型规整，打磨光滑，以石材本身的纹理为装饰，独具特色。

天然斑石鼻烟壶

年代：清中期
质地：石
尺寸：通高 5.9 厘米，腹径 4.2 厘米

扁瓶形，直口，椭圆形圈足。壶体由天然石材磨制而成，不做任何雕饰，以天然纹理取胜。壶身上黑、白两色斑纹交织，宛若一幅水墨山水画。

【图 194】

五色石随形鼻烟壶

年代：清晚期
质地：石
尺寸：通高 7.7 厘米，腹径 3.5 厘米

倭瓜形，小口，不规则圆腹，寰底。红珊瑚盖。通体以红褐色为基调，杂以绿、橙、黄等色，形成水草般的自然纹理。制作时因材施工，随形成器，形似一只压扁的冬瓜。

【图 195】

墨石瓜形鼻烟壶

年代：清晚期
质地：石
尺寸：通高 6.9 厘米，腹径 3.9 厘米

瓜形，小口，长腹浑圆，平底。以墨色石头磨制成冬瓜形，表面雕饰藤蔓、瓜叶，寓意"瓜瓞绵绵""子孙万代"。

【图 196】

蜜蜡素面鼻烟壶

年代： 清中期
质地： 蜜蜡
尺寸： 通高 6.7 厘米，腹径 4.5 厘米

扁瓶形，直口，椭圆形圈足。镶珍珠红珊瑚盖。壶体以蜜蜡制成，通体呈橙黄色，光素无纹饰，只有红黄相间的自然纹理。

【图 197】

琥珀鸳鸯荷叶图鼻烟壶

年代： 清中期
质地： 琥珀
尺寸： 通高 5.4 厘米，腹径 3.3 厘米

倭瓜形，小平口，平足。盖已遗失，象牙匙内陷。壶体以酒红色琥珀磨制而成，有细微裂纹。腹部一面雕刻随风摆动的荷叶、荷花以及戏水的鸳鸯，寓意"和谐美满"；另一面光素无纹饰。

【图 198】

琥珀狮首衔环耳鼻烟壶

年代： 清中期
质地： 琥珀
尺寸： 通高 7.3 厘米，腹径 5.6 厘米

扁瓶形，直口，椭圆形圈足。壶体以琥珀磨制而成，整体呈橙红色，间杂黑色飘带状包含物，形成自然纹饰。侧面浮雕狮首衔环耳。

【图 199】

琥珀兽面衔环耳鼻烟壶

年代： 清中晚期
质地： 琥珀
尺寸： 通高 5.1 厘米，腹径 3.2 厘米

扁瓶形，直口，椭圆形圈足。盖已遗失，骨匙内陷。两侧的肩部浮雕铺首衔环耳。通体呈现褐黄色雀脑状纹理，又称雀脑琥珀。

【注】雀脑琥珀数量较少，以其制成的鼻烟壶多为清代中晚期产品。

【图 200】

金属类鼻烟壶

金属类鼻烟壶主要有铜胎、金胎、银胎三种，以铜胎为主，金银材质的稀少。金属材质的鼻烟壶，目前所知最早的是署"清顺治二年"款的铜胎鼻烟壶。

清代的铜胎鼻烟壶有黄铜塑形鼻烟壶、铜胎画珐琅鼻烟壶和铜胎掐丝珐琅鼻烟壶。

黄铜塑形鼻烟壶一般是以黄铜模制而成，表面浮雕人物或动物形象，厚重朴实。铜制鼻烟壶数量很少，主要是清代中期作品。（如【图203】）

画珐琅又称烧瓷，其工艺流程：在制成的铜胎内外各施一层白釉，初次烧结后，再用彩釉描绘图案，然后经过二至三次填彩、修整，再入炉烧结，最后再镀金、磨光。画珐琅工艺比较适合鼻烟壶这类小件器物。清代的画珐琅鼻烟壶以铜胎的最多，另有少量金胎、银胎的。

掐丝珐琅器又称"景泰蓝"，是先在金属胎上描绘图案的轮廓线，然后用细薄扁平的铜、金、银丝，焊接或黏合在轮廓线上，再在线内的空白处填充各色珐琅釉料，经多次焙烧、磨光、镀金后制成。掐丝珐琅器的制作工艺复杂，制作鼻烟壶的难度更大，

所以现存的掐丝珐琅鼻烟壶数量稀少，都收藏在北京故宫博物院和台北故宫博物院。

清康熙五十七年（1718），养心殿造办处下设珐琅作，聘请法国匠师格拉沃雷担任技术指导，传授珐琅制作技艺，开始制作珐琅器。清代珐琅器制作地点有北京、广州、扬州，而清宫造办处珐琅作是最早进行珐琅鼻烟壶制作的作坊。

金属胎珐琅鼻烟从康熙时期开始制作，现存最早的为署"康熙御制"款的铜胎画珐琅鼻烟壶。雍正时期铜胎画珐琅鼻烟壶工艺进一步发展，到乾隆时期达到高峰，造型不断创新，装饰图案丰富多样，产品多为宫内名家作品，供皇家御用。御制珐琅器在前，均需先出设计图，交皇帝亲自审阅或修改后烧出样品，再依旨按量烧制。壶底一般都会署年号款。

清代中晚期，民间出现了许多烧制珐琅器的作坊，比较有名的有老天利、德兴成、静远堂、志远堂等，也烧制了一些铜胎画珐琅鼻烟壶。

【图 201】

剔红十八罗汉图鼻烟壶

年代： 清中期
质地： 铜
尺寸： 通高 8.3 厘米，腹径 6.4 厘米

扁瓶形，直口，椭圆形圈足。铜胎剔红，壶体在主体纹饰下饰以两种不同的锦纹，分别代表天与地。壶身通体雕漆十八罗汉像，或讲经说法，或集会，其中长眉罗汉、静坐罗汉、挖耳罗汉、降龙罗汉、伏虎罗汉特征明显，其他罗汉也惟妙惟肖，神态各异。颈部饰回纹、花朵，近肩部饰云纹，圈足处饰回纹。

【注】此壶通体采用高浮雕，人物和其他装饰图案雕刻得传神精美，为清代雕漆类鼻烟壶之精品。

铜胎画珐琅山水人物图鼻烟壶

年代：清晚期

质地：铜

尺寸：通高 5.2 厘米，腹径 4 厘米

扁壶形，直口，椭圆形圈足。翡翠盖。胎体为黄铜，通体用珐琅彩绘山水人物图。两侧的肩部镶嵌银质浮雕狮耳。白釉底绘蓝色月华纹花款。

【图 202】

铜雕十八罗汉鼻烟壶

年代：清中期
质地：铜
尺寸：通高 8.5 厘米，腹径 5.2 厘米

　　扁瓶形，小口微撇，束颈，溜肩浑圆，椭圆形圈足。雕花黄铜盖。壶体由黄铜制成，通景式浮雕十八罗汉像。人物体态圆润，神情各异。四周祥云缭绕，烘托罗汉的护法形象。

　　【注】清代铜雕鼻烟壶装饰工艺多为刻花，高浮雕壶非常稀少。此壶形制规整，雕工精湛，乃同类器物中之精品。

【图 203】

【图 204】

铜胎画珐琅人物故事图鼻烟壶

年代：清晚期
质地：铜
尺寸：通高 6.6 厘米，腹径 5.39 厘米

　　扁瓶形，直口，椭圆形圈足。胎体为黄铜，通体用珐琅彩绘渔翁游人图：树荫下的小船上，一位头戴斗笠的渔翁正抱膝休息；岸边梧桐树下，一位身着红衫的年轻男子和一位身着蓝衫的长者，正指点议论，似乎很羡慕渔翁的悠然自得。周围野花盛开，草木繁茂。壶颈饰回形纹。底署蓝彩"乾隆"寄托款。

图录

177

铜胎兽面纹鼻烟壶

年代：清
质地：铜
尺寸：通高 4.5 厘米，腹径 3 厘米

扁壶形，斜颈，平口卷唇，椭圆形假圈足。壶体由红铜制成，两面的圆形开光内雕塑兽面纹饰，两侧浮雕兽面衔环耳，圈足上饰俯瓣莲纹。器形完整，平口略有变形，残留有锈渍。

【注】此壶购自四川西北部藏族聚居区，为当地藏族人使用的鼻烟壶。

【图 205】

铜胎"十相自在"图鼻烟壶

年代：清
质地：铜
尺寸：通高 10 厘米，腹径 6.5 厘米

扁瓶形，长斜颈连平口，椭圆形圈足。壶体由红铜制成，两面的桃形开光内雕刻"十相自在"图案。

【注】此壶制作精美，装饰典型的藏式图案，为藏族定制鼻烟壶。

"十相自在"是藏传佛教的图案，意为：寿命自在、心自在、愿自在、业自在、受生自在、解自在、神力自在、资具自在、法自在、智自在。令东、南、西、北、东南、西南、西北、东北、上下等十方与年、月、日、时等时辰所组合的时空宇宙世界一切自在。令具信者免除刀兵、疾疫、饥馑及水、火、风等灾难，使所在之处吉祥圆满、眷属和睦、身心安康、去处通达、所求如愿。

【图 206】

第五部分

有机质鼻烟壶

有机质鼻烟壶，是指用竹、木、牙、角、根、葫芦、核桃等有机材料制作的鼻烟壶，是清代鼻烟壶中一个比较独特的类型。用来制作鼻烟壶的有机材料种类非常丰富，但是要制作出精美别致的鼻烟壶，不仅要在众多材料中精挑细选出最合适的，对工匠的技艺也有很高的要求，要因材施技、随形制作，才能制出完美的鼻烟壶。

1. 竹、木、根、核桃类鼻烟壶

竹、木、根、核桃类鼻烟壶，一般都是依材料的天然形状，随形施艺，巧雕细琢，朴实自然，富有生活趣味。（如【图209】）

2. 牙角类鼻烟壶

象牙和犀牛角都是珍贵的有机质材料。象牙质地坚实细密，色泽柔润光滑，被称为"有机宝石"。现存的清代象牙鼻烟壶数量有限，大多为动物和植物的造型，如鱼鹰形、鹤形、苦瓜形、葫芦形鼻烟壶。象牙鼻烟壶不仅材料珍贵，工艺也很讲究，线刻、浮雕、镂雕等工艺均有使用，有的还以彩绘装饰，更显华美。

角质鼻烟壶主要是蒙古族、藏族等少数民族使用，材质有犀牛角、黄牛角、黑牛角等，其中又以犀牛角鼻烟壶为最佳。

馆藏藏族牛角鼻烟壶

象牙和犀牛角还被用来制作与鼻烟壶配套使用的鼻烟碟、烟匙等，以象牙匙最为常见。

馆藏象牙鼻烟匙

3. 葫芦鼻烟壶

葫芦鼻烟壶，可以分为两种，一种是将自然生长成熟的葫芦掏空腹腔以盛装鼻烟的葫芦鼻烟壶（如【图208】）；另一种是在葫芦生长过程中人为塑形而制成的特色葫芦鼻烟壶，又称为"匏器"。"匏器"是人工和天然合成的艺术品，工艺有范制、勒扎、押花、针划、刀刻等，器型有扁瓶形、多棱瓶形、背壶形、瓜瓣形等，有的还在鼻烟壶的腹、口等部位加以镶嵌，既可以防止器物磨损，又增加了美观。

葫芦鼻烟壶造型生动，风格朴素，拙趣横生，不仅深得百姓喜爱，也受到帝王青睐，所以民间和内廷作坊都有不少作品。现存的有天然葫芦鼻烟壶、范制葫芦鼻烟壶、夹扁葫芦鼻烟壶、勒扎葫芦鼻烟壶等。

4. 漆器鼻烟壶

中国漆器制作历史悠久，工艺有平雕、镂雕、描金、彩绘、镶嵌等；色彩以红黑两色为主，红漆艳丽华美，黑漆光亮优雅。

清代漆器鼻烟壶的工艺主要有雕漆、彩绘、镶嵌、线刻几种。雕漆又称剔红，是指是在木质壶体上层层髹漆，然后在髹漆表面雕刻图案和花纹。因古代油漆的颜色主要为红色，故称为剔红。（如【图207】）

黑漆葫芦形鼻烟壶

年代：清晚期
质地：木
尺寸：通高 8 厘米，腹径 3.3 厘米

　　小平口，束腰，足内凹，整体仿葫芦形。红珊瑚盖连象牙匙。壶体由原木制成，表面施以黑漆，光滑细致，通体光素无纹饰。

【图 207】

四川大学博物馆藏品集萃

鼻烟壶卷

葫芦鼻烟壶

年代：清晚期
质地：葫芦
尺寸：通高 7.7 厘米，腹径 2.8 厘米

鼻烟壶取材天然生长的葫芦，小平口。藤蔓形绿色玻璃盖连骨匙。

【注】葫芦鼻烟壶是将成熟的葫芦去籽净膛，口部打磨平整，形成壶体。用葫芦做鼻烟壶，材料易得，工艺简单，造价低廉，器形古朴自然，富有生活情趣，深受平民百姓的喜爱。

【图 208】

竹根雕豆荚形鼻烟壶

年代：清中期
质地：竹
尺寸：通高 6.2 厘米，腹径 4.5 厘米

豆荚形状，短颈，小平口。嵌珍珠顶珊瑚盖连象牙匙。壶体由竹根雕琢而成，腹部宛如两个上下相叠的椭圆形豆荚。

此壶制作工艺高超，造型生动形象，富有生活趣味。

【图 209】

内画鼻烟壶

内画鼻烟壶是指用带钩的笔在玻璃、水晶及玛瑙等透明或半透明材质的鼻烟壶内壁反向描绘装饰图案的鼻烟壶。

关于内画鼻烟壶的创始时间，目前尚无定论，民间有很多传说，其中乾隆年间内画的形成说最为有趣。传说，乾隆末年，一位外省的小官吏赴京办理公务。他为人正直，为官清廉，希望事情能通过正常途径办理，但由于朝廷官员办事效率低，他又没有"打点"，要办的事被一拖再拖。小官吏资财耗尽，无奈只得寄宿在京城的一所寺庙里。他嗜好鼻烟，随身携带的鼻烟即将用尽，却无钱购买，于是便用烟匙去刮取玻璃鼻烟壶内残留的鼻烟，结果在内壁上留下了纵横交错的划痕，宛如一幅美丽的图画。这一情景被庙里一个有心的和尚看见了，和尚通过试验，用竹签蘸上墨在透明的鼻烟壶内壁上作画，于是就诞生了这种奇特的内画艺术。

而学术界比较认同的观点是，内画鼻烟壶是清嘉庆年间一位名叫甘桓的人始创的。甘桓喜欢在水晶鼻烟壶的内壁作画，他的创作以浓墨为主，淡彩为衬，花鸟人物也以淡彩创作，作品均以行书或草书题诗并署名。现存的甘桓内画鼻烟壶有"甘桓""甘桓文""一如居士""半山""云峰"等署名。

内画鼻烟壶出现之初，只是在透明材质的鼻烟壶内壁绘画，因为内壁光滑，不易附着墨色和颜料，只能画一些简单的图案，如蝈蝈白菜、简笔的山水人物图等。后来工匠们发明了"串膛"工艺，就是将金刚砂倒进壶内，加入适量绿豆大小的铁砂球，并注入少许清水，塞住壶口，不停摇动，进行打磨。经过打磨的鼻烟壶内膛呈乳白色的磨砂状，质地和宣纸接近，细而不滑，墨色和颜料都易附着，使得绘画更加顺畅。"串膛"工艺出现后，内画鼻烟壶的制作就游刃有余，精品迭出，为清代已趋衰落的鼻烟壶工艺增加了一点生气。

用于内画的笔都是特制的钩笔，一般是取长20厘米左右的竹签，将其一端削尖，弯成钩状，有的还绑上狼毫，形成笔头。作画时将钩笔伸入壶口，气收于丹田之中，力发于手腕之上，在经过磨砂处理的内壁上反向作画。其精细之处非目力所能及，可谓鬼斧神工，独具匠心。

内画鼻烟壶的材质有玻璃、水晶、玛瑙、琥珀等，其中又以玻璃最多，水晶其次，琥珀、玛瑙等材质的内画鼻烟壶存世数量极少，比较珍贵。内画的题材包括花鸟鱼虫、飞禽走兽、山水人物、诗词歌赋、博古图等。

内画鼻烟壶出现于清嘉庆时期，光绪年间达到鼎盛，宣统年间技艺更加高超。内画鼻烟壶的兴起和变迁，见证了鼻烟壶由宫廷艺术向商业工艺的转变，这也是鼻烟壶由实用器物向艺术鉴赏品的转型。

清代晚期内画鼻烟壶的制作主要是在民间，以北京、河北、山东等地的制作工艺最为高超，名家辈出，有名有姓的就有三十多位，并形成了京派、冀派、鲁派等流派。清代内画鼻烟壶的主要代表人物有京派的周乐元、马少宣、叶仲三，鲁派的毕荣九，冀派的王习三等。

【图 210】

玻璃内画花鸟虫草图鼻烟壶

年代： 清晚期
质地： 玻璃
尺寸： 通高 7 厘米，腹径 3.3 厘米

　　扁瓶形，直口，椭圆形卧足。红珊瑚盖连象牙匙。壶体一面内画蝈蝈白菜图，帮白叶翠的大白菜上，一只蝈蝈正在贪婪地吮食新鲜美味的菜汁，白菜根部绘两条肚饱腹圆的青虫，一旁的橙色盆栽为画面增添了些许亮色；另一面内画牡丹雀鸟图，美丽绽放的牡丹枝头栖息着一只雀鸟，左上角署"周乐元作"墨笔款及"乐元"朱文篆书印。

　　【注】周乐元，清代京派内画鼻烟壶代表人物之一。曾任宫灯画师，并从事纱灯的制作，具有较高的文化和艺术修养，是京派内画鼻烟壶的一代宗师。

　　周乐元的作品题材广泛，山水人物、花鸟鱼虫、书画等均有涉猎，尤其擅长山水画及写意花鸟图。山水画多表现江南景色，浓墨为主，淡彩为饰。其作品喜用浅蓝色，缀以红、黄、绿、白等色，淡雅明快。他还擅长行书，笔墨饱满，笔法圆润挺拔。

【图 211】

玻璃内画花鸟博古图鼻烟壶

年代： 清晚期
质地： 玻璃
尺寸： 通高 7.1 厘米，腹径 3.3 厘米

　　长扁瓶形，直口，椭圆形圈足。壶体一面内画花卉盆景、铜鼎和茶壶构成的博古图；另一面内画村居图，远山苍茫，古树参天，树荫下三间房舍错落有致，房前是碎石铺就的小路。上署"戊子子衡仁兄大人正 乐元作"款识。

　　【注】戊子即光绪十四年（1888）。

年代：清晚期
质地：玻璃
尺寸：通高 6.5 厘米，腹径 3.4 厘米

【图 212】

长扁瓶形，直口，椭圆形圈足。白色透明玻璃盖，匙已遗失。壶体一面内画"鱼跃于渊"图，一黑一红两条金鱼在水草间自在嬉戏，上署"鱼跃于渊"楷书款；另一面以墨彩楷书题诗曰："锦尾银鳞态度新，虽餐蒲藻亦陶情。龙宫传选参苓日，岂在池中过一生。"署款"己亥冬日""于京师作 马少宣"，钤"少宣"朱文印。

【注】己亥冬日指光绪二十五年（1899）。

马少宣（1867—1939），回族，清代京派内画鼻烟壶四大画师之一。18 岁开始内画壶艺术创作，光绪十九年至民国十六年（1893—1927）是其艺术创作的主要阶段。马少宣内画鼻烟壶的题材以山水人物和古诗词为主，其形式通常一面为人物或山水，另一面为古诗词，笔法精湛，诗书画意，图文并茂，雅致美观。1915 年，马少宣创作的 16 件内画鼻烟壶在美国旧金山举办的万国巴拿马博览会上荣获名誉奖，从此以内画鼻烟壶技艺名扬中外。马少宣的内画鼻烟壶多为欧美皇室贵族、各大博物馆及私人收藏家珍藏，而国内相对较少，早期作品更是凤毛麟角。

玻璃内画山水诗句图鼻烟壶

年代： 清晚期
质地： 玻璃
尺寸： 通高 6.7 厘米，腹径 4.0 厘米

【图 213】

　　扁瓶形，直口，椭圆形圈足。透明玻璃内膛打磨成磨砂地，一面以楷书题李白《望天门山》诗云："天门中断楚江开，碧水东流至此回。两岸青山相对出，孤帆一片日边来。"诗前和诗后分别署"乙巳孟夏"和"马少宣"。另一面以内画演绎《望天门山》诗意：碧水、青山、白帆，整个画面色彩明快，层次分明。上署"仿石谷老人笔法"款识，钤"少宣"朱文印。

　　【注】"石谷"指清初"四王"之一的著名画家王翚。马少宣仿王翚笔法，展现其华滋浑厚、气势勃发、清幽灵动的山水画风格。方寸之间，诗画并茂，使转分明，笔笔传神，不负一代内画大师之名。

年代：清晚期
质地：玻璃
尺寸：通高 7.4 厘米，腹径 4.3 厘米

【图 214】

　　扁瓶形，直口，椭圆形圈足。红珊瑚盖。透明玻璃内腔打磨成磨砂地，一面内画菊蟹图，束腰的花盆中盛开着一株菊花，盆脚几只肥美的螃蟹横冲直撞，寓意"秋风起，蟹脚痒"，也许已经到了赏菊品蟹的重阳时节了；另一面内画洞石花卉图。空白处署"戊戌 敬蓉仁兄正 闫玉田作"款识。

　　【注】闫玉田（生卒年不详），清末民初京派内画鼻烟壶艺术家。闫玉田内画作品存世数量较多，内画鼻烟壶多一面绘山水，一面绘花卉、禽鸟或者盆栽，浓墨为主，淡彩点缀。

【图 215】

玻璃内画"金陵十二钗"图鼻烟壶

年代: 清晚期
质地: 玻璃
尺寸: 通高 10.7 厘米,腹径 10.4 厘米

扁圆形,直口,椭圆形圈足。红料壶盖系后配。壶体一面内画"仕女图",树荫下洞石旁,十二位秀丽清雅的女子或抚琴,或赏画,或观棋,或博弈,描绘的应该是曹雪芹笔下才貌双全的"金陵十二钗"。左上角署"小池三兄大人雅属 毕荣九作画";另一面绘山水城池图。城墙外护城河南北延伸,石桥两侧寺观建筑依山而建,布局错落有致。两侧的肩部饰兽面衔环耳。壶身有裂纹。

此壶体量较大,构图疏密有致、虚实得当,笔法细腻,是毕荣九内画作品的代表作,也是晚清内画鼻烟壶之佳品。

【注】毕荣九(1874—1925),鲁派内画艺术创始人。自幼随伯父学习绘画技法和文化知识,后从事油漆彩画工作。曾经在清宫廷从事内画鼻烟壶艺术创作,作品题材广泛,擅画山水、人物、走兽等,画面构思奇巧、生动传神。其作品富有文人画风格。光绪十九年(1893),毕荣九在山东博山开设"奎山堂"字号,经营油漆、书画、装裱等业务,为鲁派内画艺术的发展和繁荣奠定了基础。

玻璃内画山水仕女图鼻烟壶

年代： 清晚期
质地： 玻璃
尺寸： 通高 6.9 厘米，腹径 3.5 厘米

扁长瓶形，直口，椭圆形圈足。壶体一面内画山水图，远山苍茫，近石突兀，丛林茂密，房舍掩映。左上方空白处署"仿长白山人笔法 荣九"款识，钤"毕"朱文印。另一面绘仕女图，芭蕉树下，一手持团扇的女子倚靠山石，低眉沉思。仕女脸庞圆润，额头饱满，身姿袅娜，楚楚动人。构图简洁，线条流畅。

【图 216】

玻璃内画山水四题双连鼻烟壶

年代：清晚期
质地：玻璃
尺寸：通高 6.1 厘米，腹径 4.2 厘米

双连长方瓶形，直口，椭圆形饼足。蓝玻璃盖连象牙匙。壶体为半透明玻璃，内腹两面描绘四题：一面绘青绿山水小品和携杖出行图，上署"乐三书"款识；另一面绘松鹿图和松鹤图。

【注】乐三，清末民初民间内画鼻烟壶艺术家，生平事迹尚待考证，存世作品较少，双连鼻烟壶更是罕见。

【图 217】

玻璃内画四题双连鼻烟壶

年代： 清晚期
质地： 玻璃
尺寸： 通高 6.1 厘米，腹径 4 厘米

双连长方瓶形，直口，椭圆形饼足。壶体为半透明玻璃，内腹两面描绘四题：一面绘盆景、古琴构成的博古图和蝈蝈白菜图；另一面绘杨柳岸燕子报春图和携杖出行图，上署"书于青竹轩"。

【图 218】

【图 219】

玻璃内画蝈蝈白菜图鼻烟壶

年代： 清晚期

质地： 玻璃

尺寸： 通高 7.3 厘米，腹径 4.5 厘米

　　扁瓶形，直口，椭圆形圈足。壶体为透明玻璃，内腔打磨成磨砂状，一面绘蝈蝈觅食图，另一面绘蔬菜蝶趣图，鲜花盛开，绿草茵茵，一棵大白菜和一棵红萝卜均已成熟，蝈蝈闻香而动，蝴蝶翩翩起舞。

　　此壶构图繁密，用缤纷的色彩表现花鸟虫草，生机勃勃，富有生活情趣。

【图 220】

玻璃内画山水盆景图鼻烟壶

年代： 清晚期
质地： 玻璃
尺寸： 通高 7.2 厘米，腹径 3.4 厘米

　　长扁瓶形，直口，椭圆形圈足。红玻璃盖连象牙匙。壶体一面内画盆景和画卷构成的博古图，左上角署"辛丑仲夏"；另一面内画山水图，墨笔勾线填色表现远山近石，局部彩色渲染强化虚实对比。

玻璃内画山水图鼻烟壶

年代： 清晚期
质地： 玻璃
尺寸： 通高 7 厘米，腹径 3.2 厘米

　　长扁瓶形，直口，椭圆形圈足。黄玻璃盖连骨匙。壶体一面内画寒梅图，一面内画山水小品，远山渲染，墨色浅淡，宽阔的江面上，一舟一人孤单零落。画面构图疏朗，山石树木，舟船人物刻画细腻。

【图 221】

玻璃内画荷花野凫图鼻烟壶

年代： 清晚期
质地： 玻璃
尺寸： 通高 7.1 厘米，腹径 3.5 厘米

【图 222】

扁瓶形，唇口，椭圆形圈足。翠玉盖连象牙匙。壶体为白色透明玻璃，内膛打磨成磨砂地，一面以墨笔绘荷花野凫图，另一面彩绘青绿山水图，空白处署"丁酉巧月"款识。

此壶内画细腻，设色淡雅，意境悠远，极富文人韵致。

【注】丁酉巧月即光绪二十三年（1897）七月。农历七月七日，我国古代妇女都要向天上的织女星"乞巧"——乞求织女让她们心灵手巧，故七月又称巧月。

水晶内画山水图鼻烟壶

年代：清晚期
质地：水晶
尺寸：通高 6.3 厘米，腹径 3.2 厘米

六棱瓶形，直口。壶体由透明水晶磨制成六棱形，内腔打磨成磨砂地，内壁绘山水亭榭，旁边有行草题诗一首，已磨划不清，不能辨识。

【图 223】

第七部分

鼻烟碟、鼻烟漏斗

清代人们吸闻鼻烟的方法有多种，最常见、最简便的方法是将鼻烟倒在手掌的虎口处，用鼻子直接吸闻。贵族官宦以及生活比较讲究的人，吸闻鼻烟也比较讲究，通常是用烟匙舀取适量鼻烟，放在精美的鼻烟碟内，慢慢享用。

鼻烟壶小巧玲珑，便于携带，使用时用小匙掏出鼻烟，再用手拈近鼻端嗅吸。烟碟轻巧，用于吸闻鼻烟，不仅比较雅致，而且可供多人同时拈取鼻烟，适合与亲朋好友分享。

清代的鼻烟碟外形有圆形、花瓣形两种，浅盘状，直径3～7厘米。质地有象牙、瓷、玻璃、玉石等。有的鼻烟碟在制作时还辅以镶嵌工艺。四川大学博物馆藏有鼻烟碟10件，材质有玻璃、瓷、象牙、化石等。（如【图224】【图227】【图232】【图230】）

鼻烟壶设计成小口宽膛，便于鼻烟的保存和携带，但是往壶内装入鼻烟实在不易，于是人们又研制出了专门分装鼻烟的工具——烟漏。烟漏底小口大，外形似一个敞口杯，底部有一细管贯通内外。使用时将漏斗底部的小管安插在鼻烟壶口内，再用小匙将鼻烟舀进漏斗，通过小管装入壶内。鼻烟疏松，容易在底部堵塞，因此要不断地疏通，于是烟铲应运而生。烟铲的一端像铲子，一端尖细。分装鼻烟时用烟铲的一端将鼻烟从大的容器中铲进漏斗，再用尖细的一端不停搅动，便于鼻烟迅速进入壶内，使分装鼻烟的工作简便快捷。烟漏和烟铲一般用象牙制作，生活比较讲究的鼻烟爱好者，家中一般都会配备整套的鼻烟分装用具。四川大学博物馆收藏有一件清代的象牙烟漏。（如【图234】）

鼻烟分装工具（采自陈一诚著《鼻烟壶》）

为了保护鼻烟壶，人们还专门设计制作了荷包。将鼻烟壶放在荷包里，既方便携带，防止丢失，也可以减少鼻烟壶的磨损，更好地保护鼻烟壶。鼻烟壶荷包一般用丝绸、锦缎等纺织物制成，有的还刺绣了精美的图案。与香囊、扇套等其他刺绣类小件一样，年轻人也会通过赠送精心刺绣的鼻烟壶荷包表达爱意。有些材质贵重或工艺精美的鼻烟壶也会配置专门的锦盒来收纳。

鼻烟壶包装盒

绿色玻璃鼻烟碟

年代：清
质地：玻璃
尺寸：通高 0.5 厘米，口径 3 厘米

圆盘状，口微敞，盘面略内凹。绿色半透明玻璃制成，光素无纹饰。

【图 224】

【图 225】

紫色玻璃鼻烟碟

年代：清
质地：玻璃
尺寸：通高 0.6 厘米，口径 4.3 厘米

圆盘状，口沿微内敛，浅圈足。紫色半透明玻璃制成，光素无纹饰。

翡翠鼻烟碟

年代： 清
质地： 玉
尺寸： 通高 1 厘米，口径 5.6 厘米

　　圆盘状，浅圈足。翡翠磨制而成，以白色为基调，间以翠色纹理，质地细润，光素无纹饰。

【图 226】

仿哥釉瓷鼻烟碟

年代： 清
质地： 瓷
尺寸： 通高 0.9 厘米，口径 4.4 厘米

　　圆盘状，口沿内敛，饼足。烟碟仿哥釉瓷，整体呈灰黄色，满布细碎裂纹。器形小巧，配有原装的织物钩编的碟套。

【图 227】

青花缠枝花纹鼻烟碟

年代： 清

质地： 瓷

尺寸： 通高 0.8 厘米，口径 4 厘米

圆盘状，口微外撇，浅圈足。通体饰白釉青花，盘面中心有一朵盛开的菊花，周围缠枝盘绕，花叶舒展。盘背面及底部施白釉，圈足内署"雍正年制"隶书寄托款。

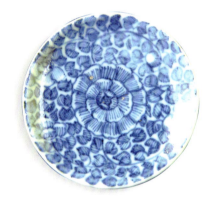

【图 228 】

竹地镶钧瓷鼻烟碟

年代：清
质地：竹、瓷
尺寸：通高 0.8 厘米，口径 4.6 厘米

鼻烟碟的制作，是先从竹子的根节部位掏挖出一个圆形外圈，中间再镶嵌蓝、红、紫色相间的元代钧窑窑变瓷片。因年长日久，竹质外圈略微变形，碟面的两面均略凹陷，瓷片有裂纹。

【图 229】

白珊瑚化石鼻烟碟

年代：清
质地：珊瑚
尺寸：通高 0.5 厘米、口径 3.8 厘米

圆盘状，圈足。珊瑚化石制成，造型简洁，色泽洁白，光素无纹饰。

【图 230】

【图 231 】

石灰石鼻烟碟

年代：清
质地：石灰石
尺寸：通高 0.6 厘米，口径 4.5 厘米

圆盘状，碟面略内凹，浅圈足。石灰石制成，通体咖啡色和黄色相融合，形成树木的纹理及不规则的斑纹。

象牙花形鼻烟碟

年代： 清
质地： 象牙
尺寸： 通高 0.5 厘米，口径 6.7 厘米

花口盘状，碟面略内凹，正反面形状相同。象牙制成，光素无纹饰。

【图 232】

象牙鼻烟碟

年代： 清
质地： 象牙
尺寸： 通高 0.6 厘米，口径 4.2 厘米

圆盘状，碟面略内凹，浅圈足。象牙制成，光素无纹饰。器形完整，配有原装的织物碟套。

【图 233】

象牙鼻烟漏斗

年代: 清

质地: 象牙

尺寸: 通高 7.5 厘米,口径 3.3 厘米,底径 2.48 厘米

    酒杯形,敞口,杯体上大下小,近底部有两道凸弦纹,圈足,外底部中心位置有一根导管与漏斗贯通。漏斗由象牙雕琢而成,使用时将导管插入鼻烟壶口中,以便将鼻烟装入壶内。漏斗的象牙色泽已泛黄,内壁因曾长期使用而染成浅褐色。

【图 234】

参考文献

1. 赵之谦 . 勇庐闲诂 . 美术丛书（第 2 册）. 上海：神州国光社，1946.

2. 美术全集——玻璃鼻烟壶 . 北京：人民美术出版社，中国建筑工业出版社，文物出版社；上海：上海人民美术出版社，2006.

3. 陈韬：鉴识鼻烟壶 . 福州：福建美术出版社，2002.

4. 张荣，张健 . 掌中珍玩鼻烟壶 . 北京：地质出版社，2002.

5. 朱培初，夏更起 . 鼻烟壶史话 . 北京：紫禁城出版社，1992.

6. 陈一诚 . 鼻烟壶 . 合肥：黄山书社，2013.

7. 毛晓青 . 中国传统鼻烟壶 . 北京：人民美术出版社，2009.

8. 宋海洋 . 鼻烟壶 . 北京：中国水利水电出版社，2005.

9. 张丽 . 故宫藏鼻烟壶 . 北京：紫禁城出版社，2003.

10. 徐文举 . 鼻烟壶收藏与鉴赏 . 南京：南京出版社，2010.

11. 杨永年 . 古代中国男人的时尚——鼻烟壶与佩饰收藏 . 杭州：浙江大学出版社，2007.

12. 张荣 . 你应该知道的 200 件鼻烟壶 . 北京：紫禁城出版社，2008.

13. 李久芳 . 清代宫廷中的鼻烟壶 • 故宫博物院藏文物珍品大系——鼻烟壶 . 上海：上海科学技术出版社，2003.

14. 常素霞 . 妙趣天成的玛瑙鼻烟壶 . 收藏家，2001（1）.

15. 郭亮 . 清代和田仔玉随形鼻烟壶 . 收藏家，2004（2）.

16. 傅秉全 . 鼻烟与鼻烟壶 . 紫禁城，1983（6）.

17. 李小琳 . 话说鼻烟壶 . 成都文物，1997（3）.

18. 杨伯达 . 顺治年程荣章造款铜胎鼻烟壶辨 . 故宫博物院院刊，1999（4）.

19. 刘佳 . 烟草鼻烟与鼻烟壶 . 收藏家，2010（6）.

20. 汤利萍 . 鼻烟壶艺术赏析 . 鉴赏家园地，2002（1）.

21. 陈步一 . 鼻烟与鼻烟壶文化鉴析 . 鉴赏，2008（11）.

22. 张荣 . 清代内画鼻烟壶 . 收藏家，1996（22）.

23. 夏更起 . 玻璃鼻烟壶 . 中国文物报，2001-1-21.

24. 夏更起 . 瓷类鼻烟壶 . 中国文物报，2001-2-18.

25. 夏更起 . 镶嵌类鼻烟壶 . 中国文物报，2001-2-25.

26. 夏更起 . 雕刻类鼻烟壶 . 中国文物报，2001-2-25.

27. 夏更起 . 玉石类鼻烟壶 . 中国文物报，2001-3-4.

28. 卢志远 . 漫话鼻烟壶 . 大众艺术，2013（8）.

29. 金丽敏 . 内画鼻烟壶的艺术风格探究 . 艺海，2013（11）.

30. 福琳 . 西来中化 缤纷灿烂——鼻烟壶艺术鉴赏 . 艺术品鉴，2014（11）.

四川大学博物馆藏品集萃

鼻烟壶卷

31. 刘韧 . 清中期瓷质鼻烟壶研究 . 文物博论，2018（4）.

32. 胡桂梅 . 北京艺术博物馆藏京派内画鼻烟壶鉴赏 . 收藏，2020（12）.

33. 王忠华，傅娇 . 清代周乐元内画鼻烟壶研究 . 物华天宝，2018（1）.

34. 王忠华 . 玉鼻烟壶的若干问题研究 . 市场鉴赏，2019（4）.

35. 梅雪莹 . 浅谈内画鼻烟壶鉴赏 . 文物鉴定与鉴赏，2021（3）.

36. 廖一璞，张龙瑛，祝捷 . 清乾隆玻璃胎画珐琅鼻烟壶赏析 . 文物鉴定与鉴赏，2019（24）.